上帝之鞭

刘衍钢 著

2018年·北京

图书在版编目(CIP)数据

上帝之鞭 / 刘衍钢著. — 北京：商务印书馆，2015（2018.3重印）
（丝瓷之路博览）
ISBN 978-7-100-11469-1

Ⅰ．①上… Ⅱ．①刘… Ⅲ．①匈奴－民族历史－通俗读物 Ⅳ．①K289-49

中国版本图书馆CIP数据核字(2015)第160793号

权利保留，侵权必究。

上帝之鞭

刘衍钢　著

商　务　印　书　馆　出　版
（北京王府井大街36号　邮政编码 100710）
商　务　印　书　馆　发　行
北京利丰雅高长城印刷有限公司
ISBN 978-7-100-11469-1

| 2015年9月第1版 | 开本 880×1230 1/32 |
| 2018年3月第2次印刷 | 印张 7 1/2 |

定价：46.00元

主　　办：中国社会科学院历史研究所中外关系史研究室

顾　　问：陈高华

特邀主编：钱　江

主　　编：余太山　李锦绣

主编助理：李艳玲

编者的话

《丝瓷之路博览》是一套普及丛书，试图以引人入胜的方式向广大读者介绍稳定可靠的古代中外关系史知识。

由于涉及形形色色的文化背景，故古代中外关系史可说是一个非常艰深的研究领域，成果不易为一般读者掌握和利用。但这又是一个饶有趣味的领域。从浩瀚的大海直至无垠的沙漠，一代又一代上演着一出又一出的活剧。既有友好交往，又有诡诈博弈，时而风光旖旎，时而腥风血雨。数不清的人、事、物兴衰嬗递，前赴后继，可歌可泣，发人深省。毫无疑问，这些故事可以极大地丰富人们的精神生活。

本丛书是秉承《丝瓷之路》学刊理念而作。学刊将古代中外关系史领域划分为三大块：内陆欧亚史、地中海和中国关系史、环太平洋史。欧亚大陆东端是太平洋，西端是地中海。地中海和中国之间既可以通过海上丝绸之路，也可以通过草原之路往来。出于叙事的方便，本丛书没有分成相应的三个系列，但种种传奇仍以此为主线铺陈故事，追古述今。我们殷切希望广大读者和作者一起努力，让古代中外关系史的知识走进千家万户！

2012 年秋

引　子

二十多年前，当笔者还是西安某高校计算机系学生时，有幸聆听某历史系学生颇为自豪的历史启蒙：中国的汉帝国打败了匈奴，匈奴人一路西逃到了欧洲，灭掉了罗马帝国。他的言下之意当然是，罗马帝国固然伟大，但中华帝国比罗马帝国厉害多啦！那时笔者对历史还没有多大兴趣，既然专业人士这么说，也就姑且相信之，跟别人聊天时偶尔也会拿出这段"历史事实"来自豪一下。

毕业工作之后，有时间看一些历史闲书，才发现这类"历史事实"似乎很有问题。匈奴人固然震撼欧洲，但早在匈奴人进入欧洲之前，统治中国的华夏正统王朝早已屡遭匈奴人蹂躏。相比之下，罗马帝国对匈奴人的抵抗明显更成功，其帝国核心区域从未被匈奴人占据，更无帝王或显贵遭匈奴人俘虏。而且，欧洲匈奴人最后在罗马帝国的军事外交打击之下基本被灭族。

后来笔者终于开始学习古典文献和古代史，由于专业关系，更深入地研究了晚期罗马帝国的这段历史，并阅读了大量原始古典史料，结果发现了两个非常令人震惊的历史事实：

其一，游牧民族在欧洲的活动模式显著有别于亚洲。以欧洲匈奴人为例，即便在匈奴人武力煊赫、一统欧洲草原的全盛时期，他们也从未想过南下占领肥沃富庶的农耕文明区建立征服王朝。实际上，欧洲匈奴人从未对罗马帝国的存在构成过实质性威胁，之前和之后的其他强大游牧民族亦复如此，这些欧洲游牧民族的最后宿命无一例外都是被欧洲农耕地区民族击败并降伏。历史上那些击败游牧入侵者的欧洲国家或欧洲族群，论人力物力皆远不及古代中国的零头。因此个中原因，很值得我们深思。

其二，欧洲的"匈奴人"跟中国历史上的匈奴人完全是两个民族，两者之间根本没有直接关系。在欧美语境中，"欧洲匈奴人"（Huns）与"中国匈奴人"（Xiongnu）是两个词，亦是两个民族。两者在时间、空间、活动范围、文化与文明程度等诸多方面都有重大区别。至于两者是否有间接传承关系，则历来众说纷纭。到了20世纪后半期，国际权威史学界已基本上否定了两者间的关系。

上述现象值得我们深思。不仅是"欧洲匈奴人"和"中国匈奴人"的关系，那种"中国＞匈奴＞罗马"式的幼稚思维，在今天的中国依旧是多数人的常识，有着广泛的市场。这种深层的民族主义文化心理因素，或曰集体无意识，绝非中国独有。仅仅在对待"欧洲匈奴人"（从现在起称其为匈人，以便与国际接轨，也便于与匈奴人区别）问题上，这种坚持匈奴人和匈人的传承性，以宣扬祖先征服伟业并唤起民族自豪感的行为，在很多民族，特别是亚洲民族中非常普遍。

固然由于社会科学在揭示因果律方面的局限性，近现代以来，基于自卑和挫败感的民族主义集体无意识是如何积淀形成，又是如何催生出这类错误或扭曲的历史知识，这类知识又如何浇灌滋养了这种集体无意识，并进而在政治、文学、艺术、传媒与教育等诸多领域发挥着持久影响，笔者无法回答。或许以后资料齐备之后，会有进一步的研究，但目前这尚是不可能完成的任务。

作为一名历史学者，笔者目前能做的是迈出第一步，先是把匈人的真实历史面貌尽可能客观公正地呈现给读者，用确凿的历史事实厘清国人对这个民族的种种想象、误解和谬见。这可以说是最容易的工作，也是本书的宗旨。对历史学者而言，揭示历史真相，哪怕是不受欢迎的历史真相，乃是最基本的义务。本书就算是笔者的尽义务之举吧。

2013 年秋

（意大利）阿尔加迪，《圣利奥会见阿提拉》，雕刻

目　录

第一章

亚欧大草原简史

　　第一节　大草原——从北京到维也纳 / 2

　　第二节　草原传奇斯基泰人 / 7

　　第三节　罗马劲敌萨尔马特人 / 15

　　第四节　显赫民族哥特人 / 23

第二章

民族大迁徙的洪流

　　第一节　风暴前的动荡 / 32

　　第二节　匈人的起源争议 / 40

　　第三节　匈人西进的蝴蝶效应 / 47

第三章

早期匈人领袖

　　第一节　间歇期 / 58

　　第二节　第一位匈人领袖乌尔丁 / 69

　　第三节　匈人远征波斯 / 82

第四章

阿提拉王朝的兴起

第一节　卢阿建国 / 88

第二节　双王执政 / 97

第三节　弑兄夺权 / 107

第五章

阿提拉的外交和社会

第一节　阿提拉横扫东方 / 114

第二节　恶意的出使与戏剧结果 / 121

第三节　阿提拉治下的匈人世界 / 136

第六章

阿提拉的最后征战

第一节　战前交锋 / 158

第二节　匈人的进攻 / 167

第三节　入侵意大利 / 182

第四节　枭雄之死与匈人崩溃 / 188

第七章

逐渐消失的匈人

第一节　最后的匈人 / 204

第二节　历史余波与文化传说 / 210

第三节　民族主义符号 / 223

第一章  亚欧大草原简史

横亘于亚欧大陆北部的亚欧大草原一向是人类行动最为活跃的地区之一。这里的地理景观与环境气候迥异于南方农耕世界，因而一直有着独特的文化习俗与生活节奏。本章将介绍匈人进入历史舞台之前大草原的相关历史。限于篇幅和主题，所涉及的时间和空间将被严格限制：时间方面始于游牧民族的出现和之前的重要历史事件，空间方面将主要集中于亚欧大草原的欧洲部分，即最西端的南俄平原与多瑙河平原，亚洲部分只会偶尔提及。

第一节　大草原——从北京到维也纳

本书所称的亚欧大草原，由于是一片不靠海的广大内陆平原，因此在历史地理学中称"内欧亚"（Inner Eurasia）或"中欧亚"（Central Eurasia）。从今北京向西越过太行山就是亚欧大草原的东部起点，大草原由东向西延伸，止于今维也纳城郊。大草原以北是北部大森林地带，以南是传统的农耕地区，大草原在延伸中或会被沙漠戈壁打断。由于与海洋隔绝，草原上大部分地区属大陆性气候，夏季酷热，冬季严寒。亚欧大草原东西绵延约6000公里，中间并无难以逾越的天然屏障，唯一南北走向的乌拉尔山脉坡度平缓，并不会阻碍草原居民的迁徙。因此在一段非常漫长的历史时期里，亚欧大草原是亚欧游牧民族迁徙的走廊。

亚欧大草原的总体特征是，越往西走土地越肥沃，水草越丰美。最西端属于欧洲的两个平原，即南俄平原与多瑙河平原,是整个亚欧大草原最富庶的部分。特别是多瑙河平原,由于位于温带海洋性气候与温带大陆性气候的过渡区,因此远比其他草原地区温暖宜人。这两大草原不仅是绝佳的放牧场所,亦是最肥沃的黑土农耕区。在大部分亚洲草原地带,农耕民族自古以来很难长期占领游牧民族的土地,就是因为在大草原上发展农业有着无法克服的技术困难。但位于欧洲的这两大平原却有所不同,在游牧民族出现以前这里就是著名的欧洲粮仓;游牧民族兴起之后,这里成为农耕民族与游牧民族竞相争夺的风水宝地,游牧民族并不总是这一地区占优势的居民。另外,欧洲草原地区的游牧经济也跟其他草原地区不同,比如较为贫瘠的亚洲草原上一般只有马群和羊群,而肥沃的欧洲草原上还有大量的牛群。纵观整个欧洲草原的历史,游牧民族和农耕民族曾交替成为这一地区的主人。即便是统治该地区的游牧民族,也未必不会进行利润丰厚的农业生产;而统治该地区的农耕民族同样可以发展出繁荣兴旺的畜牧经济。不过如此描述欧洲草原也不全然正确。欧洲草原的最东端,即顿河以东地区,大体为亚洲草原的延伸,这里虽是丰腴的牧场,却因为降水量不足,并不适于发展农业,属于纯游牧地带。因是之故,古代欧洲农耕民族的扩张总会止步于顿河。古典欧洲人以塔纳伊斯河(Tanais,即顿河)为欧亚两大洲的边界，多少与此相关。总而言之，本书所涉及的历史舞台——亚欧大草原的欧洲部分——因其独特的地理条件，呈现出与其他草原地区完全不同的风貌。

大草原的居民对世界文明贡献巨大。他们驯服了野马，发明了马车以及各种骑乘用具，还有相应的服饰，比如裤子和靴子就是由古代中亚草原居民发明，后来成为全世界的日常衣着。此外，大草原可谓古代最重要的文化与文明交流通道。除了北非，亚欧大陆的古代文明区——欧洲、西亚、伊朗、印度与中国——皆与大草原接壤，而且大草原上人口和信息的传递速度远高于南面的农耕地区，因此各种宗教、艺术与技术都能够通过大草原迅速传播。欧洲的玻璃技术、西亚的金属冶炼技术、伊朗的苜蓿与葡萄、印度的佛教、中国丝绸与瓷器等，都是通过大草原传遍亚欧大陆的。历史上中国和印度的交往大多不是直接的，两国之间的交通主要通过两大中介——中亚的沙漠草原与东南亚的海路，其中中亚的通路更为重要。

传统观点认为，亚欧大草原的古代居民主要属于两大语言族群——印欧语系（Indo-European）族群与乌拉尔-阿尔泰语系（Ural-Altaic）族群。到了20世纪中后期，语言学界倾向于将乌拉尔语系和阿尔泰语系区分开，前者亦称芬-乌戈尔（Finno-Ugric）语系，后者主要包括满－通古斯语族（Manchu-Tunguses）、蒙古语族（Mongolian）和突厥语族（Turkic）。大草原上印欧诸族的语言主要属于两个语族——伊朗语（Iranian）和吐火罗语（Tocharian）。印欧人是游牧文明的开创者，曾经独霸整个亚欧大草原。不过古代游牧民族的迁徙模式较为固定，要么自北而南向富裕舒适的农耕地区移动，要么自东而西向水草丰美的游牧地区移动。自游牧文明肇始以来，历经两千年的漫长岁月，属于印欧语系和乌拉尔语系的游牧民族要么南下农耕定居，要么进入大草原的西端后融入欧洲文明。到了公元1000年前后，大草原最西端的多瑙河平原已经逐渐被属于芬－乌戈尔族的匈牙利人永久改造为富饶的农耕区。此时大草原上的游牧居民基本上都属于阿尔泰语系民族，其分布大致为蒙古族居东，突厥族居西。

对于游牧民族的历史，有一种非常流行的世界性错误观念：农耕民族与游牧民族之间的争斗贯穿了整个人类古代文明史。实际上，游牧民族和游牧文化的出现是很晚的事情。按照国际上较通行的说法，人类的古代文明史延续了大约5000年，即公元前3500年至公元1500年，而游牧民族最早出现的时间约为公元前800年。换言之，当游牧民族登上历史舞台时，人类的古代历史已过去了大半。游牧文化东传至中国的时间就更晚了，应该在公元前350年前后，即战国中后期。中国的古籍有明确的记载，在此之前中原民族与北方草原民族作战皆是"彼徒我车"，即草原民族主要徒步作战。这里还需要特别强调，"游牧"（nomadism）与"畜牧"（pasturage）有着本质的区别。那种赶着畜群逐水草而居的游牧生活方式涉及众多的技艺和组织方式，需要人类在畜牧过程中成千上万年的长期经验积累方能实现。大约在公元前一千纪初期，草原地带的印欧民族发明并完善了各类马具和大规模放牧技术，发展出最早的游牧文化。游牧民族兴起之时，正是中亚、西亚和欧洲地区全面进入铁器时代之际，而且游牧民族对冶铁技术与铁器也极度依赖。因此可以说：游牧文化是完全的铁器时代文化。

第二节　草原传奇斯基泰人

人类历史上的第一个游牧民族是斯基泰人（Scythians），这个名称来自古希腊人对他们的称呼（Skythai），亚述人（Assyrians）称其为"阿西库兹人"（Ashkuz），波斯人与印度人则称其为"萨迦人"（Saka）。斯基泰人属于高加索种族，他们的语言属伊朗语，为印欧语的东方分支。斯基泰人与创建伟大帝国的米底人（Medes）和波斯人（Persians）有着共同的祖先。早期的伊朗人大约生息在阿姆河以北的草原地带，即后来所谓的突厥斯坦（Turkestan）地区。可能在公元前两千纪末期，伊朗人的祖先开始分化，部分伊朗人向西南方迁徙进入伊朗高原，生活在伊朗高原北部的成为米底人，生活在伊朗高原南部的成为波斯人。而留在阿姆河以北草原的伊朗人最终发展出游牧生活方式和游牧文化，成为最早的游牧民族。

古代欧洲与西亚地区文明世界的花瓶和浮雕上经常出现斯基泰人的形象。他们留着胡须，头戴防御北方寒风的护耳尖帽，上身穿着宽松的束腰上衣，下身穿着大裤子，足蹬皮靴。斯基泰人居无定所，以篷车为家，他们赶着车队在草原上做季节性迁徙，人们称他们的车队为"移动的城市"。斯基泰人是最优秀的马上战士，骏马是他们最好的伙伴。斯基泰人最喜爱使用的武器是复合弓，这种弓角反卷的反曲短弓因斯基泰人而名声大噪，故而被称为"斯基泰弓"。斯基泰人最擅长的战术是充分利用己方骑兵的机动性，避免与敌人近距离接触，隔着一定的距离以密集的箭雨消耗敌人。这种闻名于世的游牧战术也因斯基泰人而得名，被称为"斯基泰战术"。作为游牧文化的肇始者，斯基泰人的服饰、生活器具、马具、武器、战术乃至艺术风格和宗教信仰等对后世的游牧

古希腊金属器皿上斯基泰战士的临摹图，最右边的斯基泰射手正在给自己的反曲弓装弦

民族，如匈奴人、突厥人（Turks）、马扎尔人（Magyars）与蒙古人（Mongolians）都有巨大的影响。例如游牧民族"劙面"习俗，即以刀划破脸面纪念逝者，该习俗使得晚期古典时代的欧洲居民惊讶不已。其实早期古典时代史家、西方史学之父希罗多德（Herodotus）在谈及斯基泰习俗时对此早有记载，后来中国历史上的匈奴人和突厥人亦有这一习俗，当可追溯至斯基泰人。希罗多德还谈到斯基泰人独特的祭祀方式：将一柄铁剑插入祭祀中心的地面，以其作为战神的象征，然后用各种牲畜甚至俘虏的鲜血奉献给铁剑。这类宗教习俗亦被后世众多游牧民族所继承。斯基泰人的丧葬习俗等对之后草原民族的影响也很大。希罗多德特别强调斯基泰人是"最年轻的民族"，这可能因为斯基泰人创造的游牧生活是一种不同于传统定居生活的全新生活方式，开启了人类历史的新纪元。由于斯基泰人的巨大影响，"斯基泰"一词在斯基泰人退出历史舞台之后还一直沿用，既可泛指游牧民族，亦可指代那种逐水草而居的游牧生活方式。

公元前 8 世纪中后期，文明世界首次知道斯基泰人这一全新民族的存在。斯基泰人的西方分支越过乌拉尔（Ural）河进入南俄平原，当地的西米里安人（Cimmerians）在斯基泰人的驱赶下向西方和南方撤退。向西撤退的西米里安人一直被斯基泰人穷追不舍，因为南俄草原以西的多瑙河平原亦是游牧民族眼中的膏腴之地，这批西米里安人最后只得越过多瑙河与色雷斯人（Thracians）混合。向南撤退的西米里安人越过高加索进入小亚细亚，在这一地区造成了巨大动荡，部分西米里安人甚至南下攻入美索不达米亚地区。希罗多德笔下著名的吕底亚王古吉斯（Gyges）就是在抗击西米里安人入侵时阵亡的，古吉斯的诸继承者经过长期奋战终于降服了西米里安人。同时，一些追击西米里安人的斯基泰人越过高加索关隘，进入西亚文明世界。这一地区的富裕繁荣对游牧民族的诱惑不言而喻，此后约半个世纪中，斯基泰骑兵驰骋于高加索、小亚细亚与叙利亚等地，四处劫掠。这是历史上北方游牧民族对南方文明地区的第一次冲击。在此后两千多年间，这种入侵活动将反复上演。

斯基泰金饰，公元前 4 世纪

斯基泰人统治欧洲两大草原之后，随着财富的增加以及与周边文明族群的交往日益密切，斯基泰人的社会文化也迅速进步。到了公元前 7 世纪初,斯基泰人中已出现了超越部落的国王。而且对于所征服地区的农耕民族,斯基泰人并未赶尽杀绝,这些民族成为斯基泰人的臣民,向斯基泰人缴纳贡赋,其中最重要的贡赋无疑是当地最大宗的出口商品——小麦。大约在公元前8世纪末,斯基泰人与如日中天的亚述王国遭遇,于是文明世界的霸主与草原地区的霸主之间有了直接的交往。据说在公元前678年左右,斯基泰王进攻亚述,但被击退。后继的斯基泰王改变策略,转而与亚述王结盟,共同对付西米里安人。此后约半个世纪里,斯基泰人成为亚述人最强大的盟友和雇佣兵。公元前630年前后,崛起于伊朗高原北部的米底王国成为亚述王国的最大外患,斯基泰人遂应亚述王之邀击败米底人,杀其国王。继位的米底王库阿克萨列斯(Kyaxares)是伊朗史上最杰出的雄主之一,他统一米底各部,吸纳亚述人和斯基泰人的军事技术和战术,最终使米底成为伊朗高原的霸主:库阿克萨列斯不仅成功驱逐了斯基泰人,还与来自南方沙漠的迦勒底人(Chaldaeans,即新巴比伦人)联合,于公元前609年攻灭了亚述王国。

米底王国的霸权终被波斯帝国所取代。波斯人居鲁士(Cyrus)征服了同族米底人的国家,继而四方征战,建立起史无前例的大帝国。居鲁士最后的军事行动是于公元前530

年远征中亚草原上的马萨革泰人（Massagatae），结果居鲁士兵败身死。马萨革泰人大约是斯基泰人的东方分支，这些游牧的东伊朗人后来以萨尔马特人（Sarmatae）或称萨尔马提亚人（Sarmatians）的身份进入欧洲历史舞台。波斯帝国最强大的君主大流士一世（Darius I）于公元前512年亲率大军渡过海峡远征欧洲，深入多瑙河草原攻击当地的斯基泰人。斯基泰人以惯用战术对付波斯人，他们避免交战，不断后撤，将波斯大军诱入无人荒野，计划当敌人疲惫时切断其补给线和退路，围而歼之。大流士颇为明智，意识到自己的危险处境后便迅速撤退了。此次远征虽不算成功，但也部分达到目的，此后波斯帝国再没有受到斯基泰人的袭扰。波斯人很推崇斯基泰人的军事技巧，开始大量招募斯基泰人入伍，并让他们担任骑射教官。

推崇斯基泰人的不仅有波斯人，希腊人亦如此，斯基泰人是希腊人最广泛使用的雇佣兵之一。雅典的警察全部由精选的斯基泰人充任，此外雅典军队中的弓箭手也有相当部分是斯基泰人，骑射手则几乎全部是斯基泰人。希腊人很早就开始在黑海北岸殖民，沿海的希腊殖民城邦与统治内陆广大草原的斯基泰人之间逐渐建立起互惠互利的贸易关系。斯基泰人能提供的商品有皮毛、牲畜、小麦、奴隶以及各种原材

第一章　亚欧大草原简史

料，希腊人则有武器、葡萄酒、纺织品、生活器具以及各种奢侈品。斯基泰人还有一种获取希腊人财富的无赖方法，就是以不加侵扰为由，向希腊城邦索取贡赋。黑海地区很多希腊城市名义上是斯基泰人的臣属，需定期缴纳贡赋。由于黑海的海上贸易对希腊世界意义重大，比如雅典在全盛时期国内农业以橄榄、葡萄等经济作物为主，粮食无法自给自足，严重依赖黑海地区的小麦供应，爱琴海至黑海的航线遂成为雅典帝国的生命线，故希腊人宁愿舍财免灾。

这段时期是人类历史上非常独特的时期。游牧文化最早肇始于中亚草原的印欧民族，之后这些印欧人凭借游牧生活的军事与技术优势迅猛扩张，几乎占据了整个亚欧大草原。总而言之：此时从蒙古草原到多瑙河平原跨度超过一万公里的广大地域内，生息着语言、文化与习俗皆大体相近的游牧民族，因而亚欧大陆北部成为知识传递的走廊。在这片蛮荒地域内，文化与信息传播的速度与广度皆远远超过南方的文明地域，如此局势为古代历史中所仅见。正是借助于斯基泰人的知识，希腊人的眼界远远超越了诸文明古国，他们的视野不仅在南方越过中西亚文明世界抵达印度，还在北方越过欧亚草原抵达中亚腹地甚至远东地区。希罗多德对亚欧游牧民族着墨极多，对他们的分布与习俗皆有详细叙述，其中的很多内容已得到考古发现及中国历史文献的证实。

在整个古典时代以及之后的希腊化时代,北方的斯基泰人对希腊人而言一直是时隐时现的强大外部势力。不过总体而言,斯基泰人在军事上对希腊人威胁不大。因为斯基泰人与希腊文明世界之间隔着地势崎岖的蛮族或半蛮族地带,这些地区生活着色雷斯人、伊利里亚人与马其顿人等好战民族。马其顿王国崛起之际曾降服了色雷斯人与伊利里亚人,并与斯基泰人有过数场战争。首先是亚历山大大帝之父腓力(Philip II)击败斯基泰人,后来亚历山大东征时双方冲突再起,斯基泰人击败了亚历山大部将率领的远征军。但对于希腊本土,斯基泰人完全鞭长莫及。而且到了随后的希腊化时代,西欧地区的凯尔特(Celtic)诸族自西向东大肆扩张,东伊朗诸族则自东向西挤压斯基泰人的生存空间。此时斯基泰人自身的地位已岌岌可危。

因此,当罗马人于公元前1世纪末最终统一地中海世界,将多瑙河以南的全部地区收入囊中时,他们面对的多瑙河北岸游牧民族已不再是昔日的草原传奇斯基泰人,而是斯基泰人的东方亲属萨尔马特人。

第三节　罗马劲敌萨尔马特人

上文所说的"斯基泰人"指的是最狭义的斯基泰人，即伊朗语游牧民族的西方分支。实际上除了前面所说的宽泛含义外，"斯基泰人"一词还有两层相对有限的含义，它可以是伊朗语游牧民族的总称，亦可以泛指所有印欧语游牧民族，比如中国历史上的月氏与乌孙虽未必属伊朗族，也往往被称为斯基泰人。因此在斯基泰人之后统治欧洲草原的萨尔马特人某种意义上也是斯基泰人，他们在很多方面与最狭义的斯基泰人非常相似。萨尔马特人也属伊朗人，他们的语言跟西方斯基泰人的语言大概差异不大。不过两族之间也有一些差异，最明显的差异在于服饰与艺术风格。

萨尔马特人在军事上独具特色，除了斯基泰人那种游牧式轻骑射手之外，他们还以重骑兵集群著称。一般认为后世闻名天下的伊朗式重甲骑兵即由萨尔马特人首创。这种独特

5 世纪中国北魏的重甲骑兵俑，具有明显的萨尔马特色彩

的重骑兵人马皆披重甲，骑兵双手持重矛，集团冲锋时具有雷霆万钧的威力。伊朗式重甲骑兵传布广泛，到了古典时代晚期，从西欧到中国皆可看到他们的身影，中国历史上最著名的此种骑兵大概是"甲骑具装"的北魏鲜卑骑兵和金代女真人的"铁浮屠"。不过我们对于萨尔马特人的军事技术切不可浪漫化。伊朗式重甲骑兵是否真的由萨尔马特人发明，至今尚存争议，即便真是萨尔马特人的发明，这种骑兵也出现得很晚。而且萨尔马特重骑兵也并非人们想象中的铁甲骑士，实际上铁对游牧民族而言是稀缺资源，萨尔马特人仅用铁制造匕首、短剑与矛尖，他们的盔甲几乎全部由非金属材料制作而成，常用的材料有皮革、骨片与马蹄片等。

早在斯基泰人统治欧洲草原时，萨尔马特人正生息于中亚北部草原，约为后来的突厥斯坦北部地区。到了公元前 4 世纪，希腊势力的东扩震撼了中亚诸游牧与半游牧民族。亚历山大大帝在东征过程中多次越过阿姆河，其兵锋甚至抵达锡尔河。当地著名的反抗领袖,粟特贵族斯皮达梅涅斯(Spitamenes)依靠北方萨尔马特诸族骑兵,屡屡向马其顿人发动袭击,马其顿人则以全面扫荡与焦土战术应对。残酷的拉锯战持续了数年,最终斯皮达梅涅斯被杀,亚历山大成功降服了当地的游牧和半游牧族群,萨尔马特人被逐回北方。可能是为了安抚中亚地区的伊朗诸族,亚历山大娶了另一位反抗领袖,巴克特里亚(Bactria,今阿富汗一带,中国史籍称"大夏")首领奥克夏特斯之女罗克珊娜为妻,斯皮达梅涅斯的女儿阿帕玛则嫁给了亚洲马其顿帝国的开创者塞琉古。

到了公元前 3 世纪,由于受到东方游牧民族的压力,同时也因为西方斯基泰人实力的衰微,而且亚历山大诸继承国之间的混战局面实为大好的契机,大批萨尔马特人开始离开故乡举族迁徙。跟所有游牧民族一样,他们有的向南移动,有的向西移动。这两个方向的萨尔马特人最终都将与地中海世界的霸主罗马遭遇,成为罗马人的劲敌。

萨尔马特式重甲骑兵像
幼发拉底河畔杜拉—欧罗斯罗马军营遗址中的一幅涂鸦作品,表现的是 2 世纪的帕提亚骑兵。

大约在公元前250年，南进萨尔马特人的一个分支帕耐人（Parnae）在首领阿尔萨克（Arsak）率领下席卷了突厥斯坦西南部地区。当时统治中亚的希腊塞琉古王国正忙于征讨新近独立的另一希腊化王国巴克特里亚，无暇北顾。于是阿尔萨克成功占据了塞琉古王国的帕提亚（Parthia）省，即后来的伊朗呼罗珊地区，建立起自己的王国。这个王国也就是后来所谓的帕提亚王国，中国史籍中以创始人阿尔萨克之名称其为"安息"王国。其后两百年间，帕提亚王国与塞琉古王国反复争霸，并降服吸纳了来自东方的伊朗族塞种人（即前文之萨迦人），塞种人的加入大大增强了帕提亚的实力。这批塞种人的定居地至今依然被称为"锡斯坦"（Seistan），意为"塞种人之地"。最后，帕提亚人的西方强敌——塞琉古王国、本都（Pontus）王国与亚美尼亚（Armenia）王国——悉数被罗马摧毁，帕提亚由此将大部分波斯帝国的亚洲故地收入囊中，成为唯一能与罗马抗衡的东方强国。

帕提亚人长期保持着游牧传统，他们的军队极具萨尔马特色彩。帕提亚的常备军主要由贵族组成，全部是伊朗式重甲骑兵。如果发生战事，则临时从牧民、小贵族和境内外游牧部落中征召轻骑兵，并由农耕臣民们组成各色步兵。由于统治着广大的文明地区，帕提亚军队的装备远比往昔游牧时代精良，其甲胄主要由铁和皮革制成。因为拥有高度机动性且装备精良的骑兵部队，帕提亚王国虽然统治松散，内乱频仍，但依然能与强大的罗马帝国抗衡。

公元前53年罗马人对帕提亚的首次进攻以惨败收场，这也是欧洲人首次在战场上目睹真正的萨尔马特重甲骑兵。随后的罗马帝国初期，罗马着重经营西部边境，故而在东方与帕提亚大体上保持和平。但到了2世纪，国势正盛的罗马帝国数次东侵，深入帕提亚国境，焚毁其都城并蹂躏其国土，还永久占领了帕提亚的大片国土。帕提亚实力耗尽，无力平息国内的反抗势力，终于在226年灭亡于新兴的波斯萨珊王朝（Sassanid）。帕提亚王国虽然覆灭，但帕提亚诸部落及其军事组织依然被萨珊王朝所承袭，帕提亚贵族也照旧在新王朝中发挥重要作用。纵观萨珊王朝的历史，一直不乏"骄傲的帕提亚贵族"担任帝国的军政高官。其中最重要者大概是6世纪末击败强大突厥汗国的将军巴赫兰·楚宾（Bahram Chobin），此人来自著名的帕提亚豪族米赫兰家族。中世纪兴起的伊朗萨曼（Samanid）王朝，其统治者亦自号为帕提亚米赫兰家族的后裔。在波斯帝国之外，尚有帕提亚王族的分支长期统治亚美尼亚阿尔萨克王朝，该王朝始于1世纪，终于5世纪，断断续续统治了约400年。

西进萨尔马特人的具体历史晦暗不明。他们逐渐吞并西方斯基泰人的领土，到了公元前 1 世纪时，斯基泰人的势力已完全崩溃，多瑙河以北的欧洲草原大部分被萨尔马特人占据。原先的斯基泰人大多臣服于自己的东伊朗亲戚，仅有克里米亚半岛与多瑙河口多布鲁甲地区等地的斯基泰人尚能勉强维持独立，不过他们也沦为了萨尔马特人藩属。公元前 1 世纪末，罗马帝国将势力扩展至多瑙河南岸，在中下游地区建立了默西亚、色雷斯等行省。于是伊斯特河（即多瑙河）成为欧洲农耕世界与游牧世界的界河，罗马人与萨尔马特人的势力隔河相望，双方的冲突遂难以避免。

较之此前的斯基泰人，欧洲草原地带萨尔马特人的社会大概比较松散，并没有像斯基泰人那样建立起统一的超部落王国。多瑙河北岸最强大的两个萨尔马特部落联盟为雅泽吉人（Iazyges）与罗克索拉尼人（Roxolani）。这两个族群本来生活在南俄平原，公元前 2 世纪末，他们的势力已越过顿河，威胁到本都王国所控制的克里米亚半岛。到了公元 1 世纪初，这两支萨尔马特人抵达多瑙河平原，占据了达西亚（今罗马尼亚中部和西部）地区两侧的多瑙河沿岸。其中罗克索拉尼人的地域位于东部入海口一侧，雅泽吉人的地域则位于西部上游一侧。公元 69 年至 70 年是早期罗马帝国最混乱的年份，

罗马骑兵追击罗克索拉尼骑兵场景，图拉真纪功柱浮雕
浮雕非常细致地刻画了这些人马皆披重甲的萨尔马特战士。2世纪的著名希腊旅行家波桑尼阿斯曾在雅典的阿斯克勒庇俄斯神庙中见到一套罗马人缴获的完整萨尔马特甲胄，波桑尼阿斯称甲胄由马蹄薄片交叠连缀而成，并称赞其轻巧坚固。

即所谓"四帝之年"。此间不同地区的罗马军队先后拥立了四个皇帝，相互间混战不已，边境的精锐部队几乎全部调往意大利参与内战。于是在公元69年末70年初的隆冬季节，罗克索拉尼人趁着罗马帝国边防空虚之际，越过多瑙河大举入侵南岸的默西亚省。然而驻守多瑙河边境的罗马辅助部队实力雄厚，加之驻叙利亚的第三高卢军团前往意大利参战时正

21

好途经默西亚，因此罗克索拉尼人遭罗马军队重创，退回多瑙河北岸。

之后萨尔马特人与罗马帝国之间冲突不断。公元 92 年，雅泽吉人联合西面的日耳曼人越过多瑙河，劫掠潘诺尼亚省（今匈牙利西部、奥地利东部及巴尔干西北部地区），此次蛮族入侵虽然被击退，但随后的边境冲突持续了数年。101 年至 102 年，罗克索拉尼人协助达西亚王国抵御罗马皇帝图拉真的进攻，结果被罗马军队击败。之后一段时间，达西亚地区两侧的萨尔马特人皆臣服于罗马帝国，坐视其吞并达西亚王国，罗马人与萨尔马特人之间遂维持了数十年的和平。到了 166 年，由于罗马帝国忙于应付东方的帕提亚王国和西方的日耳曼人，多瑙河边境的防卫有所削弱，雅泽吉人于是再度袭扰多瑙河诸省。罗马皇帝马尔库斯·奥勒留斯于 170 年击退并降服了雅泽吉人。这之后雅泽吉人一直为罗马帝国军队提供优秀的骑兵，连遥远的不列颠亦有数千雅泽吉骑兵服役。跟草原上的萨尔马特骑兵不同，这些隶属于罗马军队的萨尔马特骑兵装备有铁器和铠甲，成为名副其实的钢铁骑士。他们在当地凯尔特居民之中成为传奇人物，有人认为他们就是亚瑟王传说中圆桌骑士的原型。

第四节　显赫民族哥特人

关于哥特人（Goths）这个显赫民族来自何方，至今尚存争议。大体能确定哥特人源自斯堪的纳维亚地区，传说波罗的海上的哥德兰岛乃哥特人最早的定居地，"哥特"这一名称即由此而来。哥特人是较纯粹的北欧种族，大部分哥特人金发碧眼，身材高大。可能是由于人口与资源等方面的原因，哥特人的日耳曼族祖先于公元前后或者更早的时候陆续离开北欧的故乡，向东南进入维斯杜拉河流域。2世纪他们向东迁徙，占领了普鲁斯河与顿河间的广大地区。其间哥特人分裂为东西两部分，西部诸部落称"西哥特人"（Visigoths），东部诸部落称"东哥特人"（Ostrogoths）。3世纪初，哥特人与其他日耳曼族群向南方富饶的平原地区移动，进入多瑙河流域，原来属于萨尔马特人的欧洲土地几乎全部被其所夺取。萨尔马特人的主体被哥特人击败后向西南方向撤退，与多瑙河上游的日耳曼部落联合，也有一些萨尔马特部落臣服于哥特人。

这样一来，除了顿河以东不适于农耕的地带，亚欧大草原最肥沃的两部分——多瑙河平原与南俄平原——的主体均被日耳曼人所占据，欧洲草原地带的主体在历经游牧民族的千年统治之后又落入农耕民族之手。哥特人无疑是日耳曼诸族中的最强大者，他们占领的土地也最为广大。哥特人在这片得天独厚的肥沃平原上发展出不同于其他游牧民族的农耕与畜牧经济，能够支撑更大数量的人口，因而势力大增。哥特人的步兵与骑兵都很优秀，其步兵模仿罗马人，骑兵模仿萨尔马特人。哥特人的海军亦很强大，有能力出动大批舰队从事海上掠夺。因此当罗马帝国深陷3世纪危机时，哥特人成为多瑙河边境的主要威胁，其海军的攻击范围远达黑海与爱琴海。除哥特人之外，萨尔马特人对罗马帝国的传统威胁也没有消失，他们向西迁移成为多瑙河上游的日耳曼诸族的同盟，为日耳曼人提供骑兵支持，使这些威胁温带森林边境的传统步战民族如虎添翼。因此对罗马帝国而言，最严重的蛮族威胁来自多瑙河北岸。罗马帝国投入多瑙河防线的兵力越来越多，3世纪初，这里的兵力大约占了全国总兵力的一半。然而随着3世纪危机的爆发，罗马帝国的大批精锐边防部队被投入内战战场，多瑙河边境最终被蛮族突破。

早在230年左右，哥特人就发动进攻，摧毁了黑海北岸的希腊殖民城市奥尔比亚和提拉斯。250年，哥特王克尼瓦（Cniva）率蛮族联军越过多瑙河，深入巴尔干腹地大肆劫掠，并攻陷了当地重镇菲利普波利斯，即今保加利亚城市普罗夫迪夫。翌年爆发了著名的阿布里图斯会战，哥特联军围歼罗马军主力，罗马皇帝德基乌斯（Decius）与其子埃特鲁斯库斯（Etruscus）皆阵亡。之后十余年间，哥特人屡屡越过多瑙河袭扰。哥特人的海军活动范围更广，不仅遍及整个黑海沿岸，威胁到高加索地区，还越过博斯普鲁斯海峡和达达尼尔海峡，威胁整个爱琴海地区、黑海，并一度攻占拜占庭。哥

《罗马帝国与哥特人之间的战争》，石棺浮雕，3世纪

特人甚至曾在希腊本土登陆,突破温泉关,攻占了众多著名的希腊城市,给帝国东部地区造成了极大的破坏。

罗马帝国毕竟实力雄厚,因此到了3世纪后期又得以复兴。由于不断与边境上战术各异的强敌作战,多瑙河诸军团成为帝国最优秀的军队和皇帝的摇篮,来自多瑙河军团的"伊利里亚诸帝"成为再造帝国的最关键人物。268年,罗马皇帝加利恩努斯(Gallienus)遭暗杀身亡,罗马面临内战威胁,多瑙河北岸的多个日耳曼族群趁此机会倾巢而出,发动了一次史无前例的大规模海上袭击。参与此次袭击的除哥特人与赫鲁利人之外,还有格皮德人(Gepids)与皮欧西尼人(Peucini)。据说蛮族共出动了超过2000艘舰船,总人数超过30万。日耳曼人此次侵袭的目的大概不仅是抢劫,还有武装殖民的打算,因为有很多日耳曼战士是带着家眷出海的。然而罗马帝国并未陷入内乱,骑兵统帅克劳狄乌斯(Claudius)迅速继位成为罗马皇帝。克劳狄乌斯是第一位多瑙河军人皇帝,有着丰富的战争经验。因此对于这一次蛮族入侵,罗马帝国已有所防范。

在战役初始阶段,蛮族舰队在黑海西部与多瑙河地区的攻击接连受挫。之后蛮族集团避实击虚,突破罗马帝国的防御链,再度驶入爱琴海大肆劫掠,古代世界七大建筑奇迹之一的以弗所阿尔忒弥斯神庙即是此时被哥特人毁坏。翌年哥特人攻占了希腊北部的帖撒罗尼迦（即今萨罗尼加Salonika港），并以此为基地袭扰巴尔干地区。虽然哥特人气焰正盛，但他们实际上已置身于极其危险的境地，因为他们向北的海上与陆上归路皆已被罗马重兵封

罗马皇帝克劳狄乌斯头像

锁。哥特人再次计划避实击虚，准备向西进入意大利，但进军途中在奈苏斯（即今塞尔维亚的尼什）与克劳狄乌斯皇帝率领的罗马军队遭遇。奈苏斯会战是古代史上最血腥的战斗之一，是役蛮族联军惨败，据说哥特一方的阵亡者超过五万人。这五万人大概囊括了蛮族联军的作战主力，其余蛮族人则大多做了俘虏，战后每名罗马士兵都能分到几个哥特女人作战利品。之后不久，帖撒罗尼迦的哥特人海盗巢穴也被罗马军队摧毁，哥特人的入侵终被彻底粉碎。克劳狄乌斯凭借

此役成功降服了多瑙河北岸的蛮族,因此获得了"哥提库斯"(Gothicus,即"哥特征服者")的尊号。

270年,克劳狄乌斯病故,哥特首领坎纳波德斯(Cannabaudes)趁机发动了一次袭击,但被继任的罗马皇帝奥勒里安(Aurelian)击败。尽管如此,罗马帝国还是在这一时期永久放弃了多瑙河北岸的达西亚省。达西亚地区多为山地和森林,不便骑兵活动,可谓游牧民族的禁地,但对哥特人这样的非游牧民族却是适宜的居所。后来哥特人遭到游牧民族袭击时,这里便成为他们抗击敌人进攻的绝佳基地。270年的战争结束后,哥特人与罗马帝国休战言和,双方保持了长时间的和平。早在哥特人与罗马帝国爆发大规模战争以前,罗马人就意识到这些蛮族人是非常优秀的战士,因此大批招募哥特人加入罗马军队。在之后罗马与波斯的历次战争中,罗马帝国军队中都有大批哥特将士。

哥特人与罗马帝国之间的和平维持了半个世纪,到了322年,双方再起冲突。这一年东哥特人与西哥特人组成联军,外加其他蛮族军队,在国王阿里克瓦卡(Aliquaca)率领下越过多瑙河入侵。当时统治帝国西部的皇帝君士坦丁(Constantine)三战三捷,击败了蛮族联军。不过君士坦丁意识到哥特战士的军事价值,在哥特人投降后予以他们很宽大的处理。君士坦丁的远见很快获得回报,翌年他与东部皇帝利锡尼乌斯(Licinius)争夺天下时,阿里克瓦卡率四万哥特战士加入其麾下,为其统一罗马帝国立下汗马功劳。到了330年左右,哥特人与罗马人之间又发生战争。战争的起因是两大

君士坦丁大帝头像

蛮族集团之间的争斗:来自北欧的另一日耳曼族群汪达尔人(Vandals)在这一时期进入多瑙河平原,占据了平原西部,与哥特人间爆发冲突。战败的汪达尔人向罗马帝国求助,于是君士坦丁准备亲率军队征伐哥特人。哥特人也行动起来,在两位国王阿拉里克(Araric)与奥里克(Aoric)的率领下攻入多瑙河南岸。哥特军队在首次交锋中击败君士坦丁,但在随后的战役中罗马人逐渐占了上风,罗马一方还得到了哥特人后方黑海北岸诸希腊殖民地的协助。332年,哥特人连遭惨

败，只得求和。君士坦丁依然宽容对待投降的敌人，赠予哥特首领大量礼物，并与其缔结和约。这一时期有大批以哥特人为主的日耳曼人加入罗马军队，君士坦丁对他们极为信任。

不过，罗马帝国无法确保汪达尔人免遭哥特人的攻击。之后哥特人与汪达尔人之间的战争依然持续不断，最终哥特王格贝里克（Geberic）击败汪达尔人，杀其王威苏马尔（Wisumar）。部分汪达尔人越过多瑙河避入罗马帝国境内，君士坦丁将他们安置在潘诺尼亚省。另一个欧洲草原地带的日耳曼强族格皮德人后来也被哥特人击败。至此，哥特人在欧洲两大草原上确立了无可争议的霸权，与南面的罗马帝国遥相呼应。

第二章

民族大迁徙的洪流

限于传统的农耕与畜牧生活方式,全盛时期的哥特人亦未能独占欧洲草原,顿河以东不适于耕作的草原地带依旧是游牧民族的势力范围。这些活动在欧洲草原边缘的游牧族群一直扮演着欧洲缓冲器的角色,不断抵御亚洲游牧民族的侵袭。然而缓冲器终有失灵之时,到了4世纪后期,来自东方的强大游牧民族终于粉碎了欧洲草原上的抵抗势力,首先将欧洲诸游牧族群,继而将哥特人等日耳曼族群,裹挟入西进的民族洪流之中,罗马帝国与整个欧洲文明世界将长期承受这场民族大迁徙的灾难性后果。

第一节　风暴前的动荡

4世纪初,东哥特人之中崛起了一位杰出国王赫尔曼纳里克(Hermanaric)。赫尔曼纳里克可谓早期哥特史上最强大的君主,他通过长年征伐以武力统一了东哥特各部,并征服了大批周边民族,赫鲁利人与维内提人等北方强族皆臣服于赫尔曼纳里克。东哥特人在赫尔曼纳里克统治时期开始具备国家的雏形,西哥特人可能也在表面上接受赫尔曼纳里克的权威。据传说,赫尔曼纳里克所统治的广袤地域由黑海延伸至波罗的海。数百年后,赫尔曼纳里克的成就依然长存于哥特人的记忆之中,他因此被尊称为"哥特人的亚历山大大帝"。

4世纪初也是罗马帝国最后的统一强盛时期。3世纪危机之后,来自多瑙河军队的诸帝力挽狂澜复兴帝国,他们的业绩最终由戴克里先(Diocletian)完成。戴克里先采用"四帝共治"制度,整个帝国被划分为四大行政区,由四位皇帝分而治之。但这种政出多门的局面难以长久维持。戴克里先退位后内部纷争持续不断,最终君士坦丁大帝于312年统一西部,又于324年击败东部皇帝利锡尼乌斯,成为帝国唯一的合法统治者,罗马帝国由此复归统一。君士坦丁在位期间整肃吏治,整顿边防,承认基督教的合法地位,帝国一度繁荣富强,但随着君士坦丁的去世,罗马帝国最后的盛世亦走向终结。

晚年的君士坦丁以全体基督徒之保护者自居,对于波斯帝国境内基督徒遭到迫害一直耿耿于怀。于是君士坦丁筹划进攻波斯,并于336年向波斯帝国宣战。但翌年君士坦丁即病故,一番短暂骚乱之后,君士坦丁之三子瓜分帝国:君士坦丁二世(Constantine II)统治西欧;君士坦斯(Constans)统治意大利和北非;君士坦提乌斯二世(Constantius II)统治帝国东部。此后30年间,罗马帝国一直被各种内外纷争所困扰,国力迅速衰落。340年,西部二帝之间爆发内战,君士坦丁二世入侵意大利,结果兵败被杀,君士坦斯成为西部唯一统治者。但君士坦斯的统治并未维持太久,他后来喜好男宠,疏于政务,终于丧失了军队的拥戴。350年,具有蛮族血统的将军马格内恩提乌斯(Magnentius)发动政变杀死君士坦斯,随后被拥立为西部皇帝。

罗马皇帝君士坦提乌斯二世头像

与此同时，君士坦提乌斯二世统治的帝国东部也麻烦不断。首先，由于君士坦丁去世时，罗马帝国与波斯帝国间已处于战争状态，君士坦提乌斯二世必须对波斯帝国作战。波斯本来准备对抗君士坦丁统治下的统一罗马帝国，现在对手突然变成了君士坦丁之子统治下的三分之一罗马帝国，于是波斯帝国转守为攻，连年进攻罗马帝国的东部省份。此时统治波斯帝国的众王之王沙普尔二世（Shapur II）乃波斯历史上最杰出的皇帝之一，亦是亚洲历史上在位时间最长的大君主，罗马东部边疆承受的压力可想而知。君士坦提乌斯二世在没有任何西部援助的情势下独力抵抗波斯人的进攻，他利用有限的兵力和君士坦丁在东方建立起来的纵深防御系统，总算在20多年间挡住了波斯人的攻势，将战火局限于美索不达米亚一省。其次，君士坦提乌斯二世介入基督教的神学纷争，使得内部局势愈加混乱。为了维护帝国意识形态的统一，君士坦丁曾于325年主持召开第一次尼西亚公会议，会议通过了历史性的宗教文献《尼西亚信经》，谴责阿里乌斯教义为异端。但君士坦提乌斯二世笃信阿里乌斯教义，他继位后极力扶植阿里乌斯教派，打压正统教派，在宗教政策方面与统治西部的兄弟们发生激烈冲突。君士坦提乌斯二世还派遣大批阿里乌斯派神父前往蛮族地区传教，此举对后世的欧洲历史影响深远。哥特人、汪达尔人等蛮族就是在这一时期皈依了阿里乌斯派基督教，在之后的欧洲民族史中，阿里乌斯派与正教的冲突将长期与蛮族入侵的历史交织。

在350年西部帝国的政变中，将军马格内恩提乌斯杀害了君士坦斯，自立为帝，君士坦提乌斯二世决意起兵讨伐西部篡位者为弟报仇。这场帝国东西部之间的内战旷日持久。351年，在决定性的穆尔萨会战中，君士坦提乌斯二世击败马格内恩提乌斯。353年，东部帝国的军队越过阿尔卑斯山进入意大利，大势已去的马格内恩提乌斯只得自杀。穆尔萨之战的引人注目之处在于，这是罗马帝国首次使用伊朗式重甲骑兵的成功战例。

4世纪初，罗马帝国开始引入伊朗式重甲骑兵，但罗马人对该兵种的使用并不顺利。324年，西部皇帝君士坦丁与东部皇帝利锡尼乌斯争夺天下时，利锡尼乌斯首次将伊朗式重甲骑兵投入战场，但被君士坦丁击败。君士坦提乌斯二世即位后努力改进并完善重甲骑兵，使之成为强大的作战部队。在穆尔萨会战中，双方的步兵不分胜负正处于胶着之际，君士坦提乌斯二世派出了重甲骑兵队。他们就像一群钢铁巨人，全身披挂着耀眼的链甲，手持沉重的长矛冲击对方高卢军团的侧翼，结果西部军团败退。

消灭马格内恩提乌斯后，君士坦提乌斯二世成为帝国唯一的主宰。但内战过后的西部满目疮痍，莱茵河与多瑙河以北的日耳曼阿拉曼尼人（Alamanni）趁机越过边境入侵高卢地区，北部地区一片混乱。为了应付危局，君士坦提乌斯二世立堂弟尤里安（Julian）为副帝，责成其守卫莱茵河防线，自己则负责多瑙河防线以及对波斯的战争。尤里安在高卢地区取得了几场重大胜利，特别是357年的斯特拉斯堡会战，尤里安依靠精锐军团步兵和伊朗式重甲骑兵击溃七名日耳曼国王的联军，于是莱茵河疆界得以恢复。由于尤里安在军中的声望剧增，被士兵们拥立为皇帝。君士坦提乌斯二世不承认尤里安的皇帝身份，在东部组织大军西进讨伐叛逆，但他于361年末病死于途中。尤里安未经剧战就成为帝国唯一的统治者。"叛教者"尤里安（Julian the Apostate）可谓欧洲历史上最重要的历史与文化形象之一,他是最后一位统治整个罗马帝国的异教皇帝,在政治军事上才能卓著,在文学、哲学与神学等领域亦造诣极高。尤里安即位后废除君士坦丁以来的基督化政策,力图复兴古典异教文化,但他的统治并不长久。363年,尤里安率大军东征,向波斯人复仇,罗马军队一路攻城拔寨,进抵波斯帝国首都。在之后的撤军过程中遭到波斯军队不断袭击,罗马军队损失惨重,尤里安本人也受伤死亡。继位的罗马皇帝约维安(Jovian)只得与波斯人议和,割让东部领土。363年的东征是晚期罗马帝国最大的军事灾难之一,它与后面将述及的另两场军事灾难一起,成为罗马帝国丧失军事优势的三大败点。

尤里安,最后一位统治罗马帝国的异教皇帝

约维安统治了不到半年即病死,继任皇帝为来自多瑙河军队的将军瓦伦提尼安一世(Valentinian I)。此时帝国各条边境线都出现危机,为了专心处理帝国西部事务,瓦伦提尼安任命弟弟瓦伦斯(Valens)为东部皇帝。瓦伦提尼安是最后一位强势的罗马军人皇帝，他与部将在莱茵—多瑙河地区、不列颠以及北非击败入侵蛮族，修建堡垒巩固边防，使帝国西部得以恢复平静。瓦伦斯则在东方应付普罗科皮乌斯的叛乱，并极力维护多瑙河与东方边境的稳定。

365—366 年的普罗科皮乌斯叛乱仅是帝国历史上的短暂插曲，但值得我们特别关注，因为普罗科皮乌斯获得了多瑙河北岸哥特人（实为西哥特人）的支持。自 332 年被君士坦丁击败后，哥特人与罗马帝国之间一直保持着和平，此次叛乱活动开启了哥特人与罗马帝国之间的长期冲突。叛乱期间，哥特人派出的一支军队越过多瑙河，进入罗马帝国的色雷斯行省。普罗科皮乌斯兵败被杀后，罗马军队将这批无心恋战的哥特人围困，迫使其投降。之后罗马帝国与哥特人之间就如何遣返哥特俘虏发生争执，双方终于爆发公开战争。东部皇帝瓦伦斯多次率军越过多瑙河实施惩罚性远征，连远在北方的东哥特部落亦遭到罗马军队袭击。哥特人的战术是避开罗马人兵锋，退往山地伺机发动偷袭，罗马军队的应对之策则是尽力蹂躏哥特人的土地，严禁边境贸易，迫使敌人出来决战。如此残酷的消耗战持续了三年，哥特人终于不支，西哥特首领阿塔纳里克（Athanaric）向罗马乞和，战争于 370 年左右结束。这位阿塔纳里克的地位比较特殊，罗马人并不称其为"国王"(Rex),而是称其为"判官"(Judex)。他显然不是赫尔曼纳里克那样的强大君主,但无疑在西哥特人之中拥有超越部落之上的统治权,可能是西哥特诸部公认的盟主。此次战争使得哥特人与罗马帝国间的关系大为恶化,战后罗马停止了赏赐哥特人金钱与食物的惯例,而罗马虽然获胜,却损失了大批军队,此后瓦伦斯一直为兵员不足所困扰,这直接影响到后来的历史发展。

375年瓦伦提尼安病逝,其长子格拉提安(Gratian)继承了帝国西部大部,幼子瓦伦提尼安二世(Valentinian II)统治意大利。就在这一动荡时刻,来自亚欧大草原的民族迁徙风暴开始席卷欧洲和罗马帝国,而风暴的源头正是本书的主角——匈人(Huns,拉丁语为Hunni,希腊语为Hounnoi)。

第二节　匈人的起源争议

关于匈人的起源为何，历来充满争议。匈人可谓欧洲历史上影响最大的游牧民族，匈牙利人长期以来一直以匈人的后裔自居，并以匈人为自己的国家命名，古代匈牙利的民间传说中亦不乏匈人英雄的故事。实际上匈牙利人的来源比较清楚，他们的祖先为乌拉尔语系的马扎尔人（Magyars）。马扎尔人在9世纪才进入欧洲，之前他们一直是北方草原霸主、突厥族哈扎尔（Khazar）汗国的藩属。当马扎尔人进入今匈牙利地区时，匈人在欧洲的势力早已销声匿迹了数百年。因此随着近代以来具有科学批判精神的史学兴起，匈牙利人的"匈人后裔"地位在正规的史学界已无人采信，匈人的起源遂成为历史谜案。后来西方学者开始接触到欧洲以外的众多史料，有的人试图利用东方国家史著中有关游牧民族的记载来解开匈人起源之谜。18世纪的法国东方学家德奎尼（Guignes）

首次将匈人与中国历史上的匈奴联系起来，认为匈人实际上是西迁匈奴人的后代。当时正值欧洲民族国家兴起、民族主义思想蓬勃繁盛的时期，充满传奇色彩的"匈奴起源说"迎合了当时的思潮，因而获得广泛影响，在此后一个半世纪中成为史学界的主流看法。

但德奎尼的浪漫主义观点在正统的古典史学界一直遭到抵制。到了20世纪初期，历史学的研究方法更趋于严谨和科学。在此背景下，国际学术界普遍承认"匈奴起源说"缺乏确凿的考古证据，在文献史料层面无法有效衔接，在语言学、民族学等方面亦存在众多相反证据。到了21世纪，最新的分子遗传学证据也大体否定了匈人与匈奴人之间存在联系的可能性。因此目前国际史学界对匈人起源的看法又回到德奎尼以前的"不可知论"。确实，匈人留下的历史证据实在太少。而且由于匈人进入欧洲时极端落后，他们在文化上很快就被周边日耳曼诸族与伊朗诸族同化，因此要还原匈人进入欧洲前的原初状态就更加困难。比如古代史料中提到数十个匈人的名字和称号，经现代语言学者考证，这些称呼很多源自日耳曼语和伊朗语，并非"纯正"的匈人名号。不过，匈人的极端落后和证据稀少正是否定"匈奴起源说"的最有力证据之一，一方面，因为匈奴人在离开中国历史时已较为先进和文明，不可能像后来的匈人那样极端落后野蛮。另一方面，早期匈人的活动地域也与匈奴起源说相矛盾：如果匈人真是来自东方的匈奴人，他们在欧洲的最早活动应该是越过伏尔加河西进，而事实上匈人最早的活动却是从高加索地区向北进入顿河地区。匈人的发型也跟匈奴人有显著差别，匈人的发型近似蒙古人，而匈奴人的发型近似突厥人。

大部分欧洲古代作家对草原游牧民族间的区别并不特别在意，一律称其为"斯基泰人"，某些并不游牧的草原民族——例如哥特人——也曾被归入斯基泰人。仅有少数杰出的古代史家留意到匈人的独特之处，其中最重要者为4世纪末的罗马将军马塞里努斯（Marcellinus）和罗马外交官尤纳皮乌斯（Eunapius），我们现代人对于早期匈人的知识几乎全部来自这些史家。目前国际史学界的主流看法是：现代人对于匈人来历的知识"并不超过马塞里努斯"。能确知的是，匈人在进入欧洲历史以前栖息于"麦奥提克沼泽地以外"。"麦奥提克湖"为亚速海的古称，那么"麦奥提克沼泽"就是指亚速海边上环绕刻赤海峡的沼泽地带。因此已知匈人最早的活动范围是高加索山脉以北、顿河与伏尔加河之间的偏南地区，大约在今库班河流域。此时的匈人非常原始，以部落为单位各自游牧，没有权力超越部落酋长的大君主，但各部落

第二章　民族大迁徙的洪流

之间有一定的联合协调机制。关于匈人的种族，迄今尚未有定论，但基本能肯定与中国历史上的匈奴人不同。匈人大约在进入欧洲之前就是混血民族，但在欧洲人看来，他们的显著特征依然是身材矮小、皮肤黝黑、毛发稀少、面部扁平、眼睛细小且腿部多毛。此外匈人跟其他印欧系游牧民族也不同，不具备西北欧种族所特有的乳糖耐受遗传特性。因此早期的匈人无疑具有浓厚的蒙古种族血统。另一个争议很大的问题是匈人的语言。关于该问题，19世纪以来出现过五花八门的理论，从斯拉夫语、伊朗语到蒙古语不一而足。现代学者经过深入研究已将匈语的属性限定在较小范围，它最有可能属于芬语或突厥语。

早期匈人是非常纯粹的游牧民族。据当时作家的说法："匈人几乎完全生活在马背上……他们骑在马匹上从事日常活动。这个民族的人能够整日整夜呆在马背上，他们在马背上做买卖，在马背上吃喝，还会弯下身子伏在马的脖颈上入睡……即便是遇到重大事情需要认真商议时，他们也呆在马背上。"当时的匈人在经济文化上极度落后："所有匈人皆居无定所，四处漫游……他们没有固定村落，不举炉火，不识法度，其生活方式如同流放犯人，与定居民族迥异。"因为没有纺织技术，除了少量购进的亚麻织物，匈人只得穿戴各种皮衣皮帽。而且匈人完全不知农耕为何物，"匈人从不耕作，他们甚至不愿触碰犁把"。尽管如此，匈人却拥有当时亚欧大草原上最高效的机动骑兵，他们的强悍与吃苦耐劳，以及他们的长距快速行军和迂回打击能力远远超出了欧洲人的想象。在当时的欧洲人眼里，匈人极度落后与凶残，"他们是魔鬼的后代，既无人性亦无文字"。因此之故，匈人的武力征伐活动迅速震撼了欧洲北部的蛮族世界，其影响亦不可避免地波及罗马帝国边境之内的文明世界。此后半个世纪，匈人都是欧洲民族大迁移的最终推动者，他们成为影响晚期古典欧洲史的最重要因素之一。

在谈到匈人的西进历史之前，还必须介绍另一个与匈人关系紧密的游牧民族——阿兰人（Alans 或 Alani）。阿兰人即中国史书中的"阿兰"或"阿兰聊"，为伊朗语游牧民族，一般将其归入晚期萨尔马特民族。阿兰人最早活动于中北亚草原，在古典作家笔下，阿兰人大多身材高大、金发碧眼，大概属于西北欧种族。阿兰人与较早进入多瑙河平原的萨尔马特诸族有亲缘关系，比如前文所述的萨尔马特最重要族群之一罗克索拉尼人，其名称意为"金发的阿兰人"或"明亮的阿兰人"。尽管如此，阿兰人与这些早期萨尔马特人还是有很大区别的。比如萨尔马特人，特别是罗克索拉尼人与雅泽吉

第二章 民族大迁徙的洪流

人,以重甲骑兵著称,而阿兰人却没有此类兵种。按照古代作家的说法,阿兰人的习俗与古斯基泰人类似,比如他们也把插在地上的剑作为战神的象征加以崇拜。阿兰人虽然不像匈人那般野蛮落后,但军事装备和战术与匈人类似,同样以轻型武器和机动骑兵见长,在英勇善战方面也不比匈人逊色。

阿兰人属印欧民族,在种族上与欧洲诸族无大异,文化上也比匈人更先进,因而更容易融入欧洲文明世界。阿兰人不仅是欧洲民族大迁徙的重要组成部分,还在亚欧大草原历史中扮演了重要角色,其影响甚至远达中国。后来阿兰人的一支长期生息于亚速海一带,被称为"阿速(亚速)人",13世纪蒙古人扩张至南俄草原后,曾大量招募阿速人充任禁卫军。忽必烈灭亡南宋的战争中,阿速禁军就发挥了重要作用,还参与了元帝国的众多战争与政治活动,此外阿速人还是中国境内最早信仰天主教的族群。另外还有一批阿兰人后来定居在高加索地区,他们的后裔成为今天的奥塞梯人(Ossetians)。总而言之,阿兰人历史远比匈人历史漫长,阿兰人的历史影响也高于匈人。由于匈人的活动与早期阿兰人的活动有着密切的联系,本书所讲述的匈人史,大体亦可称为早期阿兰人的历史。

当其他萨尔马特人西迁时,阿兰人亦紧随其后。1世纪时，已有部分阿兰人部落向西迁移，零星分布于从伏尔加河至多瑙河北岸的广大地域。1世纪末至3世纪，间或有阿兰人越过多瑙河与高加索关隘，袭扰罗马帝国的多瑙河与小亚细亚诸省，波斯帝国与亚美尼亚地区亦受到威胁。1世纪后期，当西方的萨尔马特人威胁多瑙河防线时，东方的阿兰人亦对高加索防线形成持续的压力。公元78年，一批据说是罗马帝国盟友的阿兰人突破高加索关隘，袭击了波斯帕提亚王国的米底地区。168年起，阿兰人转而攻击罗马人，多次穿越高加索袭扰罗马帝国的小亚细亚诸省。3世纪以后，中亚的阿兰人西迁走出中国历史的视野，同时欧洲的古典著作中开始大量出现有关阿兰人的记载，因此阿兰人的历史活动在中西史料中可以有效衔接。阿兰人的主体此时已全部抵达南俄平原东部，并在西进途中降服了众多游牧民族，将他们纳入自己族群。尽管阿兰人势力强大，但哥特人等日耳曼强族的存在断绝了他们西进的可能，新兴的亚美尼亚王国也有效封锁了他们南下劫掠的道路，因此阿兰人的活动范围在很长时间里仅限于顿河以东的草原。3世纪末至4世纪初的著名亚美尼亚雄主提里达特斯（Tiridates）曾大量雇佣阿兰人为自己作战。317年，亚美尼亚王库斯洛（Chosroes）甚至娶了一位阿兰女王萨珊尼克（Sathanik）为妻。

第三节　匈人西进的蝴蝶效应

4世纪中后期，可能是由于人口与资源的压力，匈人开始向西方更肥沃的草原地带扩张，目前所知匈人的最早活动就是他们降服阿兰人的战争。当时阿兰人的活动地域为伏尔加河与顿河之间的平原，位于匈人的栖息地以北。匈人对阿兰人的进攻大约始于370年前后。据传说，几个匈人为了追猎一头雌鹿，长途跋涉越过麦奥提克沼泽，雌鹿却突然消失了。过去匈人本来以为这片地域无法通过，现在发现不仅可以通过，而且海对岸是极为广大富饶的土地。于是匈人为贪欲所激励，发动了对阿兰人的战争。这个故事固然比较荒诞，但也可以看作是有关游牧民族迁徙活动模式的隐喻或寓言，即贫瘠之地的居民总是向丰饶之地迁徙，而且这种迁徙活动往往伴随着武装冲突。

匈人对阿兰人的军事征服活动持续了数年。战争具体的

(奥地利)约翰·内波穆克·盖格尔,《匈人进攻阿兰人》

过程已不得而知,由于阿兰人跟匈人一样部落林立,没有统一的君长,整个征服过程中应该不会有大规模决战。照古代作家的说法,最终匈人"或是通过武力,或是通过盟约"将阿兰人各个击破,迫使其成为自己的盟友。由于匈人已将阿兰人以西更为广大富饶的土地作为下一步征服的目标,因此阿兰人这一强大盟友的加入对于匈人此后的西进征服活动意义重大。那些与匈人有着"盟约"关系并与匈人一起西进的阿兰部落仍保持着极大独立性,而且此后欧洲的阿兰人部落与匈人部落之间少有统属关系,匈人诸王的宫廷中亦没有阿兰人臣仆。实际上,在之后的欧洲民族大迁徙中,阿兰人所扮演的角色也比匈人更重要。

　　降服了阿兰人之后，顿河以西的哥特人遂成为匈人的下一个目标。根据后世的传说，匈人是在君主巴兰勃（Balamber）的统一指挥下越过顿河西进的。不过现代学者一般认为巴兰勃是个虚构人物，因为当时匈人尚无统一的大君长。阿兰人与东哥特人传统上以顿河为界，当时的顿河名为塔纳伊斯河，东哥特诸部落因此被称为"塔纳伊斯诸族"（Tanaites）。当匈人与阿兰人联军于375年左右越过顿河发动进攻时，著名的东哥特雄主赫尔曼纳里克年事已高，难以应付如此危局。加之匈人与阿兰人为纯粹的游牧民族，他们的机动作战能力和奇袭战术是哥特人这样的定居民族很难应对的。

　　赫尔曼纳里克死于匈人联军发动进攻后不久，关于他的死亡有两种说法。一种说法是：由于战局非常不利又不知道如何应对，赫尔曼纳里克在绝望之下自杀身死。另一种说法是：赫尔曼纳里克积极组织哥特人抵抗，但臣属诸部的贵族对其高压统治深为不满，于是密谋行刺赫尔曼纳里克，结果赫尔曼纳里克像恺撒一样遭到手持短剑的贵族围攻，身受重伤身亡。后一种说法还声称赫尔曼纳里克死时已110岁高龄，这自然不太可能。赫尔曼纳里克死后，东哥特人的势力濒临瓦解，其领土也大幅收缩，黑海西岸的西进通道已畅通无阻。

于是匈人主力迅速越过东哥特人的故地，对西面的西哥特人发动迅猛袭击，留下阿兰人继续进攻东哥特人。维提米利斯（Vithimiris）继赫尔曼纳里克之后成为东哥特王，他收聚东哥特部余众，尽其所能抵挡阿兰人的攻击。维提米利斯坚持了一段时间，屡战屡败，终于阵亡。值得注意的是，维提米利斯在抵抗过程中获得了一些匈人雇佣兵的帮助。这表明当时匈人尚无统一领袖，各部落往往自行其是，不相统属。

维提米利斯战死后，部分东哥特人在赫尔曼纳里克之子胡尼蒙德（Hunimund）率领下投降了匈人。但也有众多东哥特人不愿臣服于匈人，他们拥立维提米利斯的幼子维德里库斯（Viderichus）继位，这些东哥特人的实际军政事务由首领阿拉特乌斯（Alatheus）与萨弗拉克斯（Saphrax）把持。值得注意的是，"萨弗拉克斯"是个阿兰人名字，因此这批东哥特人部众可能为哥特人与阿兰人的联合体，这种日耳曼人与阿兰人的联合族群在古典晚期的民族大迁徙中并不鲜见。不论如何，这两位首领皆是精明强干的人物，他们审时度势，认识到面对匈人和阿兰人的不断挤压，哥特人在南俄草原已难以立足。如此形势下，南迁避入罗马帝国境内实为上策。

东哥特人在阿兰人攻击之下苦苦支撑时，匈人对西哥特人的攻击已经展开。西哥特首领阿塔纳里克此时大约是西哥

第二章 民族大迁徙的洪流

特诸部公认的首领,他知悉东哥特人遭到进攻,预料自己的部族很快也将面临攻击,立即着手组织抵抗。阿塔纳里克的基本军事部署是:将现有军队配置于外围,主要沿着德涅斯特河布防,防止匈人渡河。同时西哥特人举族动员,新入伍的部队在后方加紧集合与训练。为了解敌人的动向,阿塔纳里克还向各个方向派出侦察小队。如果面对的敌人是传统的欧洲蛮族或者罗马帝国,则阿塔纳里克的种种预防措施可谓合理有序;但此番面临的敌人是来自北方草原的游牧骑手,他们的机动能力和作战效能多少超出了西哥特人的想象。结果阿塔纳里克的抵抗计划完全被匈人所粉碎,匈人主力在东哥特战争尚如火如荼之际就迅速南下,他们趁着黑夜迅速行军,由德涅斯特河上游西哥特人未及布防的区域迅速渡河,随后直扑阿塔纳里克的大本营。据说匈人的行军速度之快,甚至超过了西哥特侦察兵的情报传递速度。由于西哥特人大多从事农耕,部落比较分散,军事动员在短时间内难以完成,此时阿塔纳里克的本部仅有少量未经训练的新兵,结果匈人的突然袭击使得阿塔纳里克损失惨重。

匈人在击败阿塔纳里克后没有再进一步进攻。匈人进攻西哥特人的目的大约仅在于劫掠,此时他们的本部大体仍在南俄平原,因长年远离故土征战,他们的军力使用已达到极限，故而匈人停止进军，携带战利品返回。但对匈人的恐惧情绪在西哥特人中迅速蔓延，西哥特诸部濒临分崩离析。大多数西哥特人不愿意再追随阿塔纳里克，他们知道今后多瑙河平原将暴露在匈人骑兵的持续打击之下，不再是安全富庶的居所，于是他们决定向唯一可以依靠的强权——罗马帝国寻求庇护。阿塔纳里克曾向罗马皇帝瓦伦斯誓言不再踏入罗马国土，因此自知不会被罗马帝国接纳，他在战败后率少数部众退往南部多山地区，即今罗马尼亚西部喀尔巴阡山脉中段的特兰西瓦尼亚地区，在这里据险自守，抵抗周边蛮族的进攻。西哥特人于是推举了一位新首领阿拉维乌斯（Alavivus），在其率领下举族南迁，他们于376年抵达多瑙河北岸，随后派出使者前往君士坦丁堡觐见罗马皇帝。西哥特人请求罗马帝国允许自己定居于多瑙河南岸诸省，他们誓言会遵守罗马的法律，情势需要时还会向罗马提供辅助兵士。

　　罗马帝国最初是通过多瑙河畔的萨尔马特人和泰法利人（Taifali）部落得知大草原上的混乱局势。泰法利人为北非的柏柏尔民族，曾是战俘，被罗马帝国安置在草原边缘地带。西哥特人的大举南迁不可避免会挤压萨尔马特人与泰法利人的空间，特别是阿塔纳里克据险自守的地区本来是这两族的生息之地。丧失家园的萨尔马特人与泰法利人遂向罗马帝国求助，罗马帝国闻讯后在河对岸紧急布防，以应对可能出现的危机。从西哥特人使者口中得知对方的意图后，罗马人多少松了一口气。东部罗马皇帝瓦伦斯一直为兵源不足而困扰，西哥特人的请求正合其意，他经过权衡后应允了西哥特人的请求。西哥特人渡过多瑙河之后，萨尔马特人和泰法利人等与

罗马皇帝瓦伦斯头像

罗马关系友善的族群也跟着渡河，罗马人对此未加制止。但随后抵达多瑙河北岸的维德里库斯及其部众却引起了罗马帝国的警惕，这些东哥特人同样提出归顺请求，却被罗马皇帝拒绝。东哥特人趁着西哥特人渡河后局势混乱，罗马军队疏于防范之机，暗中渡过了多瑙河。过河的哥特人数量已难以确知，当时作家称仅入境的哥特战士就有20万人，这显然是过于夸张的说法。

然而，事态的发展完全脱离了罗马政府控制。进入罗马

帝国的哥特人数量众多，接济和安置工作非常困难，加之政府官员管理混乱，贪腐事件层出不穷，罗马人与哥特人之间的矛盾逐步升级。罗马长官卢皮西努斯想以武力压服哥特人，以宴会为名将西哥特首领阿拉维乌斯诱捕，另一位西哥特领袖弗里提根（Fritigern）逃离了罗马的监禁，举兵抗击罗马人。弗里提根率哥特军队击败了卢皮西努斯与当地罗马驻军，在色雷斯地区大肆劫掠，大批哥特籍奴隶也投奔哥特军队。之后，驻扎于阿德里安堡的哥特辅助军因不满当地居民猜忌，洗劫了城中军械库后投奔弗里提根，哥特人的军事实力进一步增强。同一时期，由于匈人进攻所引发的民族迁徙浪潮，帝国西部的边境也颇不安宁。莱茵河地区的阿拉曼尼人越境入侵，多瑙河上游边境地区则受到哥特人等日耳曼族部落的袭击，少量阿兰人与匈人也加入日耳曼人的袭击队伍。

东部罗马皇帝瓦伦斯得悉巴尔干地区的严重事态，只得尽快结束东方的战事，与波斯人签署了和约，迅速将亚美尼亚地区的军队调往多瑙河地区平息叛乱。此后一年时间里，罗马军队尽管因哥特人的频繁突袭而损失颇大，但依托小股骨干部队和堡垒防卫体系，还是成功地压缩了哥特人的活动范围。这时局势有了新变化，又有大批哥特人以及部分匈人与阿兰人越过多瑙河，加入弗里提根的蛮族大军。瓦伦斯于是亲率军队前去讨伐哥特人，罗马军队首战获胜，迫使哥特人收缩战线，此时西部罗马皇帝格拉提安也战胜了阿拉曼尼人和多瑙河上游诸蛮族，将率军与东部罗马皇帝联合。378年8月，在阿德里安堡以北，瓦伦斯不等格拉提安的西部援军抵达就独自率军进击哥特联军，结果罗马军队几乎全军覆没，皇帝本人也死于战场。阿德里安堡战役的后果极为严重，帝国东部的野战部队主力基本在此役中被歼灭。

阿德里安堡战役是古代史上最著名的战役之一，亦是罗马帝国丧失军事优势的第二个里程碑。长久以来，阿德里安堡战役被军史学家们视为战术史上的分水岭，他们认为骑兵经此战确立了对步兵的优势，并相信此役为中世纪军事史的开端，但最近数十年的历史研究成果已完全否定了这类看法。尽管如此，骑兵确实是决定阿德里安堡战役成败的关键因素，弗里提根的西哥特骑兵获得了阿拉特乌斯与萨弗拉克斯率领的东哥特骑兵劲旅相助，终于在数量上完全压倒了罗马骑兵。罗马骑兵被逐出战场后，罗马的步兵主力被哥特骑兵包围，侧翼受到猛烈攻击，最终大部被歼。由于匈人是当时毫无争议的最强大蛮族，而且拥有最优秀的骑兵，因此很多人认为匈人骑兵参与了阿德里安堡战役并发挥了决定性作用。不过这种说法实际上没有任何根据。如前文所言，哥特人一方确实有少量渡过多瑙河的匈人与阿兰人骑兵，他们确实可能参与了阿德里安堡战役，其中阿兰人的参战较为确定，但这类游牧骑兵的数量太少了，不可能在战斗中发挥太大作用。

第三章

早期匈人领袖

对于4世纪末至5世纪初的匈人历史，我们所知有限。此间众多匈人群体分布于欧洲文明世界的外围，始终是极具威胁性的北方蛮族势力。但匈人族群作为整体并未积极参与这一时期波澜壮阔的欧洲民族大迁徙活动，对于塑造此后欧亚非三大洲的民族分布格局未有直接的贡献。匈人扮演的角色飘忽不定，对于罗马帝国与诸蛮族集团，他们既是盟友，又是敌人。然而在这些纷乱事件的背后，匈人的统一活动已经在悄然进行，强有力的匈人领袖开始脱颖而出，匈人的民族形象将很快变得清晰明确。

第一节　间歇期

376 年之后的二十年间，匈人没有大规模的军事活动。此间匈人的主体依然在南俄平原，他们的游牧地域约为昔日阿兰人和东哥特人的故地，即伏尔加河至德涅斯特河之间的草原。由于很大一部分哥特人已渡过多瑙河进入罗马帝国境内，因此肥沃的多瑙河平原上除了残留的哥特人之外，还吸引了周边民族前来居住，他们包括萨尔马特人、阿兰人与匈人等游牧民族，还有一些非游牧的日耳曼民族。匈人没有超越部落的统一组织，这些首先进入多瑙河平原的少量匈人与南俄平原的本部匈人之间并无统辖关系。3 世纪 70 年代的征战成就了匈人恐怖战士的显赫名声，因此匈人骑兵成为当时炙手可热的雇佣兵。实际上，罗马帝国雇佣匈人入伍始于阿德里安堡会战后不久。在得知战役惨败的消息后，西部罗马皇帝格拉提安尽力加强多瑙河上游边境的防御力量，将一些阿兰

第三章　早期匈人领袖

人与匈人雇佣兵编入罗马军队。

而在帝国东部，阿德里安堡会战之后，哥特人在巴尔干北部地区四处劫掠，部分匈人与阿兰人骑兵也加入哥特人的队伍。在多瑙河以北靠近罗马边境的匈牙利平原地区，局势也一片混乱，萨尔马特人、哥特人、阿兰人与匈人对潘诺尼亚省发动了持续不断的袭击。在当时罗马人眼里，匈人乃名至实归的最野蛮族群，他们"远比其他大肆破坏的蛮族更凶残"。不过所有这些蛮族皆无攻城武器，因此对于罗马的城市并不构成威胁。西部皇帝格拉提安长期坐镇多瑙河上游重镇塞尔米乌姆，倾尽全力才勉强守住潘诺尼亚边境，但对东部的危局却鞭长莫及。如此背景下，让一位有能力的人出任东部皇帝遂成为当务之急。379年，格拉提安推举著名将军、西班牙人狄奥多西一世（Theodosius I）即位东部皇帝。

狄奥多西一世到了东部之后相继击败哥特人、阿兰人与匈人的劫掠队伍，于382年与蛮族达成和解。哥特人获准定居在潘诺尼亚与默西亚等地，这些哥特人的身份是罗马帝国的"同盟者"，他们免交租税，并有额外的年金赏赐，条件是必须效忠罗马皇帝，为罗马军队提供兵士。罗马军队中的哥特"同盟者"战士比较独立，在战场上他们一般与其他罗马部队分开，在本族首领的率领下作战。罗马帝国做出如此让

狄奥多西一世银盘上的形象，388年，现藏西班牙国家罗马艺术博物馆

步自然会削弱罗马军队的效能，使得蛮族部队成为巨大隐患。但无论如何，随着罗马帝国与哥特人的相互妥协，东部的局势渐趋平静。为笼络哥特人，狄奥多西一世还嘉奖前西哥特领袖阿塔纳里克抗击游牧民族的功劳，邀请年迈的阿塔纳里克来君士坦丁堡定居。如此背景下，不少哥特首领在帝国东部军队中出任高官，但并无匈人获此高位。据估计，那些此前跟哥特人一起劫掠的匈人大概已带着战利品，渡过多瑙河返回草原了。事实上，狄奥多西一世如此安置哥特人，部分原因是希望他们能够成为未来"抵御匈人入侵的坚固屏障"。狄奥多西一世想必已经预见到，随着新的草原霸主向西扩张势力，多瑙河以北诸蛮族会联合成某种统一体，罗马边境将会面临严峻挑战。

这期间匈人在罗马帝国的边境上时隐时现。381年，在多瑙河边境，一批日耳曼人越境袭扰，一些匈人骑兵也加入他们的劫掠队伍。384年，匈人骑兵越过诺里库姆（今奥地利）与莱提亚（今瑞士东部与德国东南部）两省，袭击高卢地区。这是匈人首次威胁西部帝国，不过这些匈人数量不多，他们大概是境外日耳曼人的同盟者或雇佣军。

然而，在此山雨欲来风满楼的危害时刻，西部皇帝格拉提安却疏于政务，整日耽于游猎并宠幸阿兰人卫队，强行推行基督教，并打压传统宗教，结果丧失了军队中异教徒和日耳曼将领的支持。383年，格拉提安被将军马克西姆斯（Maximus）所杀，马克西姆斯随后被拥立为西部皇帝。马克西姆斯起初获得东部皇帝狄奥多西一世承认，但他企图消灭统治意大利的瓦伦提尼安二世，终于跟狄奥多西一世公开敌对。388年，狄奥多西一世率军西进，战前他尽力安抚东部境内外的蛮族以保证后方的稳固，也接受蛮族提供的军队援助。这些蛮族援军以哥特人为主，也包括一些匈人与阿兰人骑兵。在此后的一次决定性战役中，东部帝国的匈人与阿兰人骑兵经过艰辛的长途跋涉后依然毫无倦意，以闪电般的速度强渡萨瓦河，击溃河对岸的西部帝国守军。之后的波埃托维奥会战中，东部军队击败马克西姆斯之弟马塞里努斯（Marcellinus）统率的西部主力部队，西部军队在败退途中遭到匈人与阿兰人骑兵的追击，损失惨重。不久马克西姆斯被俘虏并被处死,瓦伦提尼安二世在西部的统治得以恢复。狄奥多西一世因其再造帝国的功绩,被尊为"狄奥多西大帝"。尽管蛮族盟军在这场内战中发挥了重要作用,但他们沿途不分敌我的野蛮劫掠活动也给西部居民们带来了深重灾难。

就在瓦伦提尼安二世复位后不久,一批匈人趁着西部诸省因内战而疏于防范之机入侵高卢地区,他们很快被击退。而同一时期在邻近的莱提亚省,匈人却成为保卫帝国的战士。居住在多瑙河上游西北地区的日耳曼族尤图恩吉人(Juthungi)趁着混乱局势越过边境劫掠莱提亚地区,此时绝大部分罗马部队已投入内战战场,势力薄弱的边防部队根本无力阻止蛮族的入侵。负责边境防御的罗马将军、法兰克人保托(Bauto)遂转而雇佣匈人与阿兰人骑兵抗击尤图恩吉人,结果尤图恩吉人被成功击退。为了避免这些蛮族盟友事后危及罗马的土地,战争结束后保托立即给予他们重金酬谢,送他们离开。这些事件表明:此时已有一定数量的匈人与阿兰人迁徙至与罗马帝国临近的地带。尽管他们数量可能不多,但身为游牧民族,他们恐怕还是占领了匈牙利平原上很大一片土地。

就在罗马皇帝忙于内战时,东部帝国的多瑙河边境也发生战事。大约在386年,又有大批东哥特人在首领奥多特乌斯（Odotheus）率领下出现在多瑙河北岸，要求获准进入罗马帝国定居。这次罗马帝国吸取了十年前的教训，没有应允这些蛮族的请求，部分强行渡河的哥特人被罗马军队消灭。当年臣服于匈人的东哥特首领胡尼蒙德此时大概已成为匈人的同盟者，他也率领麾下部众进入多瑙河平原西部，与当地的格皮德人与苏伊比人（Suebi）等争夺土地。这里的苏伊比人并非当年被恺撒降伏的苏伊比人，他们应该是后来在西欧形成的日耳曼部落联盟。

388年的内战也给东部帝国带来严重后果，一批哥特人逃兵沦为匪徒，他们返回东部袭扰巴尔干诸省，屡屡击败罗马军队。多瑙河北岸的大批蛮族闻讯后也加入他们的队伍，其中包括匈人、阿兰人与萨尔马特等游牧民族。391年，狄奥多西皇帝亲率军队前去镇压，也蒙受败绩，最终依靠西部帝国的帮助，东部帝国才勉强平息了此次动乱。392年，又有日耳曼人部众越过多瑙河袭扰巴尔干诸省，一些匈人骑兵也加入他们的劫掠活动。上述这一连串蛮族活动表明，欧洲草原上的日耳曼诸族由于受到匈人的挤压，正向西南移动。同样向西南移动的还有阿兰人。400年前后，一批阿兰人已抵达多瑙河上游的平原，与当地的苏伊比人与汪达尔人等日耳曼族群毗邻且关系和睦，这三族后来结成同盟。不过，此时匈人的主体依然在南俄平原。不难设想,由于大批日耳曼人与阿兰人的西迁留下了广大土地,这段时间内匈人的数量必定也有了巨大增长。

392年,西部帝国的军事统帅、法兰克人阿尔博迦斯特(Arbogast)暗杀了皇帝瓦伦提尼安二世,扶植著名异教学者尤金尼乌斯(Eugenius)为西部皇帝。东部罗马皇帝狄奥多西一世拒绝承认篡位者,准备以武力征讨阿尔博迦斯特和尤金尼乌斯。两年后内战正式爆发,东部军队与西部军队在距亚得里亚海北端沿岸不远的弗里吉杜斯河畔激战。战斗持续了两天,双方损失惨重,由于东部军队在质量上逊色于西部军队,狄奥多西依靠大批哥特"同盟者",以及阿兰人、匈人与萨拉森(Saracens,即阿拉伯人)骑兵的帮助才得以跟西部军队抗衡。最终东部军队获胜,尤金尼乌斯被俘杀,阿尔博迦斯特自杀。弗里吉杜斯河战役在宗教史上意义重大,此战之后,基督教在罗马帝国境内全面压倒传统的多神异教,成为法定的国教。同时该役也是罗马帝国丧失军事优势的第三个败点,帝国西部的野战军力基本在此战中被消灭,西部帝国自此丧失了军事优势。值得注意的是,此战中东部帝国的匈人部队来自色雷斯,他们大概是最早被安置在罗马帝国境内的匈人族群。这些匈人后来也获得"同盟者"身份,其首领则拥有"部帅"的官衔。

狄奥多西一世于 395 年去世，将帝位留给两个儿子，长子阿卡狄乌斯（Arcadius）统治东部，次子霍诺留斯（Honorius）统治西部，罗马帝国从此正式分裂。狄奥多西一世的死亡开启了一个混乱的时代，由于新皇帝缺乏老皇帝的能力和威望，东罗马帝国境内的哥特人公开反叛。著名的西哥特王阿拉里克（Alaric）率众在巴尔干地区大肆劫掠，南下越过马其顿和特萨利亚地区深入希腊腹地，雅典、斯巴达与科林斯等城市再度落入哥特人之手。由于希腊全境经长年战乱已残破不堪，阿拉里克及其哥特部众于 401 年离开希腊，西侵意大利。西罗马皇帝霍诺留斯派遣具有汪达尔蛮族血统的名将斯提利科（Stilicho）阻击阿拉里克，斯提利科在波伦提亚与维罗纳两场会战中击败阿拉里克，迫使西哥特人退出意大利。斯提利科麾下有一支匈人卫队和一支阿兰人骑兵部队，他们对于斯提利

西哥特王阿拉里克（后世想象图）

科的胜利发挥了重要作用。

同样在狄奥多西一世去世那一年，匈人再度成为令文明世界侧目的力量，他们沿着罗马帝国与波斯帝国的漫长草原边境发动了大规模进攻。其实在此之前，罗马帝国的亚洲地区就不断遭到匈人的零星袭扰。比如384年，美索不达米亚地区的重镇埃德萨（Edessa）就遭到一批匈人的进攻，但被当地罗马驻军击退。数年后，除美索不达米亚外，亚美尼亚与叙利亚等地也只是不时有小股匈人骑兵出没。但到了395年，匈人突然发动了大规模的越境侵袭。此次军事行动的主要原因可能是因为气候异常。由于严寒，草原地区陷入饥馑，匈人只得靠劫掠南方的富庶地区弥补损失。在欧洲一侧，由于冬季异常寒冷，多瑙河封冻，匈人骑兵轻而易举就越过了多瑙河。匈人洗劫了色雷斯省，南面的达尔马提亚省（亚得里亚海东岸，今克罗地亚、波黑与塞尔维亚等地）亦受到威胁。

不过上述这些匈人骑兵仅属于偏师，更大规模的入侵发生在东方亚洲诸省，因为此时匈人的主体依然在东侧的南俄平原。匈人在东方南下的最大障碍是高加索山地的隘口，这些关隘由罗马帝国与波斯帝国共同控制。由于距离遥远，两大帝国一般都不在高加索地区直接驻军，而是依靠当地的半蛮族王国扼守各关隘。为巩固该地区的边防，罗马和波斯

第三章 早期匈人领袖

于386年瓜分了高加索以南的亚美尼亚王国,分别派军队驻守。就在395年,大批匈人骑兵由顿河入海口处渡河,之后沿东南方向进军,一举突破了高加索地区最重要的达留尔隘口。匈人骑兵首先进入亚美尼亚地区,击败当地部队,随后蜂拥南进,劫掠了两大帝国的西亚诸省。罗马的两个富裕东方行省——卡帕多细亚与叙利亚均遭到洗劫,奥龙特斯河畔的帝国东方都城安提奥克城郊也出现了小股匈人骑兵,该城不得不紧急布防。更有部分匈人骑兵越过奥龙特斯河,深入叙利亚南部。据当时作家的说法,匈人"骑着快马四处烧杀,他们的行进速度甚至比谣言的传播还快。他们毫无怜悯之心,遇见的人不分宗教、阶级、年龄和性别,一律屠戮"。匈人最感兴趣的战利品是牲畜群,这大概能印证他们的本部确实发生了致使牲畜大量死亡的灾难。除牲畜之外,匈人还掳走了大量人口。

因为不久前的内战,此时罗马帝国的军队主力都集结在意大利北部,因此匈人在罗马帝国境内如入无人之境,几乎未遇到正规军队的抵抗。在东罗马帝国的亚洲地区,唯一能抵御匈人进犯的仅有美索不达米亚地区,因为这里驻扎着少量正规军以防备波斯帝国。有部分匈人骑兵冒险越过幼发拉底河进入美索不达米亚,结果被罗马军队击败消灭。其他地区就没有如此幸运了，东部帝国的宫廷宦官尤特罗皮乌斯（Eutropius）紧急征募哥特人组织军队，总算击退了匈人，但未能阻止匈人携带战利品越过高加索北返。另一批越过高加索东进的匈人则劫掠了波斯帝国的米底地区以及波斯控制的美索不达米亚地区，但遭到波斯军队的坚决抵抗。尽管波斯人的弓箭给匈人带来了很大损失，但大部分匈人还是满载而归，返回南俄草原。匈人对亚洲地区的掠夺性攻击持续了三年，直到398年才终止。

虽然相隔二十年，但375年与395年匈人发动的两次大规模进攻有着相似的模式。据推测，匈人经过一段时期的休整，实力有所恢复后，会再次组织长距离掠夺性远征。当时匈人虽然部落林立，没有统一的君长，但拥有部落首领大会之类超越部落的组织。匈人通过此类组织协调活动，共同进行战争准备，并在军事行动中相互协调。

第二节　第一位匈人领袖乌尔丁

395 年匈人在多瑙河地区的军事活动加快了匈人向多瑙河平原迁徙的步伐，同时匈人的主体在此后也缓缓向西移动。匈人的活动无疑进一步挤压了众多欧洲蛮族的生存空间，于是在 5 世纪初，发生了与 376 年颇为相似的蛮族大迁徙事件。目前所知最早活动于多瑙河平原的匈人领袖是乌尔丁（Uldin），乌尔丁也是第一个我们知道确切名称的匈人。乌尔丁的具体身份是什么我们尚不很清楚，他大概是一个部落首领，同时亦是众多部落所推举认可的共同领袖，因为单个或者少数几个匈人部落绝不可能在多瑙河平原上掀起巨大的波澜。乌尔丁所率领的匈人部落集团可能于 4 世纪最后几年抵达多瑙河北侧，与东罗马帝国之间建立起直接联系，周边的日耳曼部落大概也臣服于乌尔丁。

399 年，东罗马帝国的哥特人将军盖纳斯（Gainas）率领一批主要由哥特人与其他日耳曼人组成的混合部队发动叛乱，一度占据君士坦丁堡。盖纳斯打算跨越海峡进入小亚细亚，但为罗马舰队所阻，之后他又被罗马军队击败，只得退出君士坦丁堡向西撤退。由于色雷斯地区各城镇已有充分防御准备，盖纳斯及其部众难以在罗马帝国境内立足，遂于400年北渡多瑙河。但这支蛮族军队在多瑙河北岸的存在显然是当地匈人所不能容忍的，于是乌尔丁集结部队向盖纳斯发动持续进攻，最后于年末将盖纳斯击败杀死。乌尔丁的行动大概获得了东罗马的支持，事后盖纳斯的头颅被送往君士坦丁堡展示，乌尔丁也由此获得了丰厚的馈赠。乌尔丁与东罗马帝国之间自此建立起同盟关系，罗马帝国支付给匈人首领年金的惯例大约也始于此时。数年后，乌尔丁又成为西罗马帝国的盟友，由此成为整个罗马世界的朋友。

盖纳斯及其日耳曼部众所造成的灾难使得东罗马帝国内部兴起了一波"反日耳曼"浪潮，与此相对，阿兰人与匈人在东罗马军队中的地位大为提升。421年，一位名叫阿尔达布里乌斯（Ardaburius）的阿兰人将军在东方大败波斯帝国，由此成为东罗马帝国最倚重的军事统帅，支持阿尔达布里乌斯的军队势力除阿兰人之外，还有日耳曼人，因为阿尔达布里乌斯家族跟多数日耳曼人一样信奉阿里乌斯教义。这个显赫的阿兰

第三章　早期匈人领袖

人家族将把持东罗马帝国的军政大权长达半个世纪。

大批匈人进入多瑙河平原引发了连锁反应。首先是405年，一个名为拉达盖苏斯（Radagaisus）的哥特王率领号称40万的蛮族部众越过罗马边境，突入意大利。拉达盖苏斯信奉异教，据说他计划屠灭皈依基督教的罗马元老，并焚毁罗马城，以此向众神献祭。罗马将军斯提利科花了近半年时间才组织起一支足以抵抗拉达盖苏斯的大军，军队的主力来自各蛮族，其中最优秀的骑兵来自阿兰人与匈人部落，匈人骑兵主要由罗马的盟友乌尔丁提供。决定性的战役发生在法埃苏莱（今意大利费苏里），是役匈人骑兵的机动性与冲击力发挥了关键作用。他们在战前四处袭击对方的补给分队，致使敌军陷于饥馑，在会战中他们又快速突击席卷敌军的侧翼，使得斯提利科得以成功包围敌军。斯提利科终于在次年将拉达盖苏斯击败杀死，将其余众编入罗马军队。参战的匈人获得了大量犒赏，他们将分配到的俘虏以一人一枚金币的低价出售。

拉达盖苏斯虽然覆灭，但蛮族大规模涌入西罗马帝国的浪潮却不可遏止。次年，西罗马帝国将莱茵河边境的部队召回，以应付西哥特王阿拉里克对意大利的威胁，汪达尔人和阿拉曼尼人乘机突破莱茵河防线洗劫了高卢地区。随后罗马又召回驻不列颠的全部军队，于是不列颠完全暴露在萨克森人（Saxones，进入不列颠的萨克森人一般被译为"撒克逊人"）的海上入侵威胁之下。法兰克人（Franks）与勃艮第人（Burgundians）也在这一时期向西越过莱茵河进入西罗马帝国境内。前文提到的汪达尔人、苏伊比人和阿兰人三族同盟之前曾于401年南下入侵诺里库姆与莱提亚等地，被斯提利科击败后退回北方。到了406年末，他们又遭匈人驱赶，遂沿着莱茵河向西突入罗马帝国的高卢地区避难。

由于此番三族同盟所进入的地区已先期被法兰克人占据，于是为争夺高卢北部的土地，法兰克人与三族同盟之间爆发了大战。法兰克人在战斗中重创汪达尔人，杀其国王戈德吉瑟尔（Godegisel），幸亏有阿兰骑兵的侧翼突击，三族联军才冲破法兰克人包围，向南进入高卢腹地。随着罗马帝国逐渐增加高卢地区的兵力，这三支蛮族的主体于409年左右南下翻越比利牛斯山，进入伊比利亚半岛。后来这三族都在西班牙建立王国，苏伊比人王国位于半岛西北部，阿兰人王国约在今葡萄牙，半岛其余部分则属于汪达尔王国。这期间阿兰人内部发生分裂，一位名叫高尔（Goar）的阿兰人首领率领部众脱离阿兰王莱斯彭狄亚尔（Respendial），成为罗马人的同盟者。

第三章 早期匈人领袖

阿兰人是西欧民族大迁徙中唯一非日耳曼人的重要族群，他们的活动范围遍布欧洲和北非，留存至今的众多地名标示着他们的足迹。比如法国的阿朗松（Alançon），意大利的阿兰纳罗梅里纳（Alagna Lomellina）等。西班牙加泰罗尼亚（Catalonia）地区的名称即来自"哥特"与"阿兰"两词，因为这两个族群曾在此定居。此外，罗马帝国还在意大利和高卢等地建有多处名为"莱提"（Laeti）的殖民地，主要用于安置阿兰人与萨尔马特人。这些阿兰人为罗马帝国提供优秀的骑兵，成为晚期罗马帝国史中的关键性因素。高尔是最著名的阿兰国王之一，他率领的阿兰人是西罗马境内最忠实的强大蛮族同盟者。尽管为了获取安置麾下将士的土地，高尔屡屡与高卢地区的罗马大地主们发生冲突，但高尔及其部众一直对罗马皇帝忠心耿耿。高尔在位40余年，直至匈人大规模入侵高卢前夕才去世或退位。期间高尔一直东征西讨，为扫平高卢地区的各种起义和叛乱立下了汗马功劳。这支阿兰人的主体后来被安置在高卢中部地区，以奥勒利安尼（即今奥尔良城）为首府。在后来西罗马帝国与匈人的决定性战争中，这批阿兰人将发挥关键作用。

斯提利科可谓5世纪初唯一能够捍卫西罗马帝国的将领。然而他功高震主，与西罗马皇帝霍诺留斯之间的关系很快就趋于紧张，因此于408年被杀。斯提利科本人有日耳曼血统，在日耳曼诸族中素来享有极高威望，其麾下的蛮族将士也多为日耳曼人。斯提利科之死使得西罗马皇帝与日耳曼人之间猜忌日深，帝国军队中的大批日耳曼将士转而投靠罗马的大敌——西哥特王阿拉里克。于是西罗马帝国也跟东罗马帝国一样，经历了一段"反日耳曼"时期。如此背景下，匈人与阿兰人等非日耳曼蛮族更受到西罗马皇帝的倚重，其中实力强大的匈人无疑成为皇帝尽力讨好的对象。西罗马帝国与匈人之间大约于此时签订有和约，罗马人除了付给匈人金钱赏赐之外，还要送一批贵族前往匈人地区做人质。这些人质之中有位名叫弗拉维乌斯·埃提乌斯（Flavius Aëtius）的十多岁少年，此人日后将会成为抗击匈人入侵的最重要人物。埃提乌斯出身显贵，其父高登提乌斯（Gaudentius）曾担任西罗马帝国的骑兵司令。据古代作家记载："埃提乌斯中等身材，相貌英武，体重适中。他体力充沛，精于骑射，也擅长使用长矛。他是天生的战士，具有高度的耐力，不怕劳苦和危险。他从青年时代起就表现出是个非凡之人，这似乎是命运注定的。"

这一时期的匈人可谓最强悍的雇佣兵，他们的雇主不仅有罗马帝国政府与欧洲诸族首领，还有不少有权势的个

第三章　早期匈人领袖

人。比如东罗马著名的权臣、斯提利科的政敌鲁菲努斯（Rufinus）就拥有一支主要由匈人组成的私人卫队，其成员主要来自帝国境内的匈人殖民地。然而鲁菲努斯的"亲匈"态度成为他倒台的重要诱因。395年匈人大入侵期间，东罗马帝国到处盛传鲁菲努斯与匈人内外勾结，结果鲁菲努斯被当时为斯提利科效力的盖纳斯所杀。由于对鲁菲努斯的匈人卫队有所忌惮，盖纳斯事先采取行动，在夜间发动突袭，将这些睡梦中的匈人全部杀死。

罗马帝国本身亦难免于乌尔丁与匈人的攻击。404至405年冬季，匈人越过多瑙河袭扰色雷斯地区。408年初春，乌尔丁率领匈人军队渡过多瑙河突入下游行省默西亚，围攻河畔要塞战神堡。通过内应的帮助，这座堡垒最终陷落。除匈人之外，还有大批日耳曼人、哥特人与阿兰人部落也加入了劫掠大军。攻占战神堡之后，乌尔丁率军进入色雷斯大肆蹂躏。乌尔丁选择此时入侵，除了因为东罗马皇帝阿卡狄乌斯刚去世，君士坦丁堡政局不稳外，还因为东罗马与波斯之间的关系趋于紧张，东罗马帝国刚把主力部队调往东方边境，巴尔干地区兵力薄弱。

君士坦丁堡宫廷力图避免战争，派出官员前来求和，希望以金钱收买这些蛮族。此时的乌尔丁据说已经是"多瑙河之外一切蛮族之领袖"，非常狂妄自大。当罗马官员请求乌尔丁提出撤退的条件时，乌尔丁开出了东罗马帝国完全无力承担的极高价码，还很傲慢地指着初升的太阳说："凡阳光所照耀之地，吾皆能轻易征服。"罗马官员遂改变策略，尽力拖延谈判时间，同时暗中与乌尔丁军中的其他匈人首领秘密接触。罗马官员告诉这些匈人首领：罗马皇帝非常仁慈大度，对于为其奋战的人皆会给予极为丰厚的赏赐和馈赠。罗马人的金钱攻势和分化瓦解工作大获成功，乌尔丁麾下的首领们纷纷背弃他，自行率本部军马退走。丧失了大部分军队的乌尔丁势单力薄，无力应付罗马人的攻击，他拼尽全力才渡过多瑙河逃回草原。乌尔丁势力的溃散瓦解，说明当时匈人的社会组织依然较为原始。尽管超越部落的大君长已经出现，但他们对属下诸部落的控制力还很微弱。

乌尔丁直接统辖的军队除匈人部队外，还有斯基利人（Scirii）部队。据称斯基利人与匈人同样英勇善战，但在此次征战中也损失惨重，战后有大批斯基利人俘虏被送往君士坦丁堡低价出售。斯基利人是我们所知第一支与匈人共同征战的日耳曼族群，随着时间推移，此后日耳曼人将会成为匈人统治下的最重要民族。日耳曼人虽然在罗马人眼中是蛮族，但他们的文明程度无疑远高于匈人，他们与匈人的密切交往使得进入欧洲的匈人在文化上具有了浓厚的日耳曼色彩。日耳曼人等欧洲民族加入匈人军队，不免会改变匈人的作战方式。初入欧洲时的匈人军队基本上全部是轻骑兵，其战术优势在于机动性和远程打击能力。日耳曼军队则传统上以重步兵为主体，辅以少量近程骑兵；哥特人等草原日耳曼人比较特殊，其军队的组成类似于其他日耳曼人，但骑兵数量较多，还有模仿自萨尔马特人的重甲骑兵。但无论是哥特人还是其他日耳曼人，都没有匈人那样的骑射手，因此他们在战术上与匈人有着极大区别。这些欧洲民族加入匈人大军后，匈人的战术不可避免发生了巨大变化，近程作战变得越来越重要。这一过程中，欧洲民族某些较为先进的军事技术必定会被匈人吸纳，此时的匈人骑兵至少有一部分已装备了铁制铠甲和头盔，除盔甲外，匈人的剑、矛与部分马具，甚至战马等，均已改用欧洲蛮族与罗马军队的装备。而那些加入罗马军队的匈人骑兵，他们的装备就更为优良。

此次欧洲蛮族世界的剧烈动荡与罗马帝国内部的局势变化息息相关，这段时期，东西两大罗马帝国皆处于风雨飘摇之中。在西部，斯提利科被杀后，西罗马帝国无力抵御西哥特人的入侵。408年起，西哥特王阿拉里克三度进军罗马，蹂躏意大利国土，终于在410年8月攻占并洗劫了罗马城。值

410年西哥特人洗劫罗马

得注意的是，阿拉里克的西哥特大军中亦有相当数量的阿兰人骑兵与少量匈人骑兵，他们构成了阿拉里克的精锐部队，在战场上与哥特人部队有所区别。另外在409年，一支号称一万人的匈人军队受罗马帝国的雇佣，由达尔马提亚省西行进入意大利，阿拉里克为了避其锋芒，只得暂时放弃了围攻罗马城的行动。阿拉里克在攻陷罗马后不久死去，其继承人阿陶尔夫（Ataulf）率部离开意大利，计划在高卢南部地区建立西哥特王国，但西哥特人遭到当地罗马军队及其阿兰人盟

第三章 早期匈人领袖

友的持续攻击，难以立足。

不久后，高卢地区兴起了一位强有力的罗马军事统帅君士坦提乌斯（Constantius），西哥特人的处境更趋艰难。在君士坦提乌斯的压力之下，阿陶尔夫屡屡受挫，不得不退往西班牙，于415年遇刺身亡。继位的西哥特首领瓦里亚（Wallia）计划渡海攻入富庶的北非地区，但未能成功，被迫向君士坦提乌斯求和。此后西哥特人成为罗马帝国的"同盟者"，帮助罗马帝国肃清西班牙境内的其他蛮族，如汪达尔人、阿兰人与苏伊比人。但西罗马帝国复兴的希望随着君士坦提乌斯的早逝而破灭。到了瓦里亚之子狄奥多里克一世（Theodoric I）在位时期，西哥特人利用西罗马帝国局势混乱之机，终于为本族赢得土地和独立。420年左右，西哥特王国建立，其版图囊括了高卢南部与西班牙北部。这位狄奥多里克一世统治时间很长，他后来成为匈人势力在蛮族世界中的最大敌手。

而在同一时期，东罗马帝国一直为教派冲突所困扰，皇帝阿卡狄乌斯身体孱弱，长期疏于政务。408年初，阿卡狄乌斯病死，其子狄奥多西二世（Theodosius II）继位，狄奥多西二世当时年仅七岁，朝政主要由宦官安提米乌斯（Anthemius）和几个姐姐把持。对境外蛮族而言，罗马帝国内部复杂混乱的局势无疑是难得的良机，乌尔丁在这一时刻入侵绝非偶然。

乌尔丁率领的匈人入侵极大震撼了东罗马帝国，此后十余年间可能不断有小规模的匈人越境袭击活动。罗马人意识到匈人的主力正逐步西移，逼近多瑙河平原，未来将不可避免会有更多的入侵，于是他们竭尽所能布置防御。东罗马帝国动用大量人力财力修缮各地的堡垒和城墙，所有人无论贵贱皆不免于责；罗马的边防部队加强戒备，严格盘查出入境人员；罗马人还重整久已荒废的多瑙河水军，东罗马皇帝于412年颁布法令，计划在七年间组建一支多瑙河舰队，舰队的最终规模为大约两百艘各类舰船。最为浩大的备战工程是加固首都君士坦丁堡的城墙。君士坦丁大帝在选择拜占庭为新都之后在其面对陆地的一侧修建了一道城墙，后来随着城区规模的扩大，市区的范围已达到城墙之外。狄奥多西一世在位时又在外围修建了一道新城墙"以保卫这座世上最壮丽的城市"，但因修建得较为仓促，加之长年失修，这道城墙此时状态不佳。时任东罗马帝国内务大臣的安提米乌斯受命重修"狄奥多西之墙"倾颓的部分，并修葺加固尚存的墙段。城墙的修缮工程历时五年方告完工。对蛮族而言，君士坦丁堡的城墙可谓坚不可摧，即便是后来最强盛时期的匈人也从未梦想过挑战君士坦丁堡的外墙。

第三章 早期匈人领袖

阿卡狄乌斯皇帝的死亡终结了东罗马帝国的第一次"反日耳曼"运动，这之后东罗马帝国又大量招募日耳曼人，特别是哥特人入伍。不过随着盖纳斯的战败和阿拉里克的西去，东罗马帝国境内有组织的日耳曼人势力已大为削弱，这些加入东罗马军队的日耳曼人虽名为"同盟者"，实际上是被编入罗马军队成为罗马士兵，不再像以往那样以部落为基础组成独立作战部队。因是之故，较之境内存在众多独立蛮族势力甚至蛮族王国的西罗马帝国，东罗马帝国较少受到内部动乱的困扰，军事实力也保持得比较好。

狄奥多西二世头像

东罗马历史上在位时间最长的皇帝之一，他统治的时间大体就是匈人的强盛时期。狄奥多西二世统治期间，匈人入侵、对波斯帝国战争、教派冲突和地震瘟疫等极大震撼了处于风雨飘摇之中的东罗马帝国。在古代史家笔下，狄奥多西二世是个生长于深宫，被妇人和宦官包围的无能君主。实际上，狄奥多西二世的内外政策温和而明智。他虽未给帝国赢得荣耀，但成功地维持延续了帝国，并为日后帝国的复兴积累了实力。

第三节　匈人远征波斯

乌尔丁的入侵浪潮消退后,大约有 20 年时间匈人的历史晦暗不明,但此间草原上发生的事情对之后欧洲的历史意义重大。值得注意的一点是,前述从 370 年开始的大规模蛮族迁徙浪潮至此告一段落,此后直至匈人势力瓦解,不再有大批蛮族群体越境事件发生。可能随着众多蛮族迁入罗马帝国,匈人等游牧民族进入欧洲草原所引发的土地等资源短缺问题已有所缓解。另一方面,匈人也开始意识到这些农耕蛮族的价值,留在草原上的日耳曼诸族与匈人之间逐渐建立起稳定的藩属关系。同时匈人内部亦在不断发展,开始出现更强有力的君主。此间东罗马皇帝与西罗马皇帝多次派出使者前往黑海北岸的匈人本部,与匈人首领们和谈,以金钱和财物等换取和平。这些匈人首领之中,我们唯一知道确切名字的是查拉托(Charato)。

第三章　早期匈人领袖

415年左右，饥馑再度席卷草原地区，匈人遂又一次南下劫掠。可能因为罗马帝国的准备比较充分，这次匈人的主要进攻目标为波斯帝国。当时波斯帝国正值和平君主叶兹底格德一世（Yazdegerd I，中国史籍中称"伊嗣侯"）统治末期，国家承平日久，匈人大概认为进攻波斯比较容易。匈人大军在两名首领巴西克（Basich）与库尔西克（Cursich）的率领下南进，通过黑海东岸的湖泊沼泽区，进入昔日匈人生息的较贫瘠草原。之后他们用了15天时间穿越高加索山地进入波斯帝国的辖地，大概是米底地区。匈人大肆蹂躏波斯的土地，当得知波斯军队逼近后，他们赶紧收兵撤退。匈人因携带大批战利品和俘虏而行动缓慢，结果被波斯军队追上，双方遂爆发激战。据说波斯人的箭矢铺天盖地，匈人损失惨重，只得携带少量战利品退走，波斯人夺回了大部分战利品和被俘民众。可能是出于安全考虑，匈人没有走原路撤退，而是沿着里海西岸，穿越今阿塞拜疆的巴库地区，走了一条更艰难漫长的道路，退回到南俄平原的基地。

和平君主叶兹底格德去世后，好战的巴赫拉姆五世（Bahram V）统治波斯，由于金矿纠纷与迫害基督徒等原因，东罗马与波斯两大帝国于420年起兵戎相见。战争期间，大批驻防多瑙河边境的罗马军队被调往东方作战，这给了匈人可乘之机。422 年，匈人越过多瑙河袭扰色雷斯地区，不过这次入侵的规模可能不大，持续时间也不长，入侵的匈人仅劫掠乡野，未对城市构成威胁。之后多瑙河边境又维持了近二十年的和平。

423 年，西罗马皇帝霍诺留斯病死，位于北意大利拉文纳的西罗马宫廷一片混乱，结果一个有哥特血统的大臣约安尼斯（Joannes）或称约翰被推举为皇帝。然而东罗马帝国拥立霍诺留斯的姐姐伽拉·普拉西狄娅之子瓦伦提尼安三世（Valentinian III）为西罗马皇帝。瓦伦提尼安之父即前述著名罗马将军君士坦提乌斯，421 年，君士坦提乌斯去世时已是西罗马共治皇帝，因此就血统而言瓦伦提尼安三世是合法

瓦伦提尼安三世金币正面及背面
此金币为庆祝 437 年瓦伦提尼安三世婚礼发行，正面为皇帝的形象，背面为狄奥多西二世（居中，瓦伦提尼安三世岳父）、新郎（左边）、新娘（右边）。

的皇位继承人。东罗马认定约安尼斯是篡位者,准备举兵讨伐,约安尼斯一方则有意大利地区的效忠和匈人盟友的支持。由于阿非利加(非洲西北部)总督博尼法斯(Boniface)拒不承认约安尼斯,约安尼斯于次年派遣军队司令卡斯提努斯(Castinus)率匈人部队前去讨伐。此时,那位曾在匈人地区做过人质的罗马贵族埃提乌斯已是约安尼斯最倚重的将军之一。由于埃提乌斯在匈人地域生活了20多年,跟匈人领袖们关系密切,约安尼斯遂派他前往匈人地区迅速组织匈人军队入援。但东罗马帝国行动迅速,著名的阿兰人将军阿尔达布里乌斯与其子阿斯帕尔(Aspar)率军迅速击败并俘虏了约安尼斯。当得知埃提乌斯率匈人大军赶来救援时,他们立即将约安尼斯处死。三天后,埃提乌斯率领号称6万人的匈人大军抵达,准备与阿斯帕尔率领的东罗马军队交战。但埃提乌斯与匈人皆无心恋战,因为他们很清楚,约安尼斯死后再继续作战已毫无意义,于是他们很快与东罗马军队议和。埃提乌斯劝说匈人首领们收下大量黄金赏赐并宣誓忠于罗马帝国,匈人在留下一些人质后收兵而回。因为埃提乌斯的成功媾和行为,新任皇帝瓦伦提尼安三世及母后伽拉·普拉西狄娅宽恕了埃提乌斯之前效忠篡位者的罪行。

埃提乌斯很快成为西罗马帝国最倚重的军事首领。425年,西哥特王狄奥多里克围攻高卢南部商业中心阿尔勒,埃提乌斯率军解围,迫使狄奥多里克退兵并签订和约。之后罗马人与哥特人之间的关系有所改善,两年后,西哥特人提供援军,帮助西罗马帝国击败匈人,收复了潘诺尼亚的部分地区。而埃提乌斯的内战敌手阿兰人将军阿斯帕尔,也成为东罗马帝国的最高军事长官,扮演抵抗匈人的主要角色。

第四章

阿提拉王朝的兴起

在匈人进入欧洲之后的半个世纪中，匈人虽然是影响欧洲历史的最重要因素之一，但总体而言，南方文明世界大体上只是间接感受到匈人的冲击。最重要的例外是乌尔丁，但乌尔丁对罗马帝国的威胁无疑很有限，而且时间短暂。随着匈人的渐趋统一，加之匈人族群的重心逐步移向多瑙河平原，到了5世纪20年代，一个几乎覆盖了全部欧洲草原地带的强大匈人国家终于出现，而且这个国家的统治中心位于欧洲的心脏地带。至此，罗马帝国面临着一个空前强大蛮族帝国的直接威胁。

第一节　卢阿建国

随着乌尔丁的败退，匈人对多瑙河南岸地区的威胁暂时受到遏制，但整个匈人南进的步伐依然如故。随着匈人主体的逐渐西移，多瑙河平原最终成为匈人活动的核心区域。在多瑙河地区，匈人与欧洲诸蛮族以及罗马帝国的交往较以往更加密切。如此背景下，匈人旧有的部落组织受到欧洲更先进文化的影响，更为强大的超部落王权亦随之兴起。阿提拉（Attila）王朝就是在这一时期崛起的最强大匈人王朝。

5世纪20年代初，第一位真正意义上的"匈人国王"卢阿（Rua）或称卢吉拉（Rugila）登上历史舞台。卢阿是当时匈人世界中最强大的军事领袖，他与兄弟奥克塔（Octar）共享多瑙河平原上匈人世界的最高统治权。卢阿与奥克塔还有几个兄弟，其中一位叫孟狄乌克（Mundiuch），即未来的匈王阿提拉与布雷达（Bleda）之父。但孟狄乌克并非显赫的匈

第四章 阿提拉王朝的兴起

人领袖,他大概也不跟卢阿和奥克塔共享统治权。后来阿提拉单独统治匈人时,阿提拉的叔叔奥埃巴西乌斯(Oebarsius)还健在,但这些长辈也并不掌握重要权力。

这个匈人历史上最伟大的王族究竟名号为何?来自何方?以何种方式获取了最高统治权?对此我们一无所知。当时匈人尚无统一国家观念,卢阿与奥克塔可能各自统辖一片地域。关于两人的具体统治范围,现在已无法确知。据推测,卢阿的领地可能在东部多瑙河下游地区,而奥克塔的领地可能在西部多瑙河上游地区。422年与426年,匈人两度越过多瑙河,劫掠色雷斯与马其顿地区。东罗马帝国虽将匈人击退,但意识到匈人是帝国安全的巨大威胁,于是决定采取怀柔政策。东罗马皇帝狄奥多西答应予以匈王每年350磅黄金的年金,以换取匈人不再扰掠罗马边境,这位匈王可能是东部的卢阿。奥克塔死后,卢阿于432年左右兼并了兄弟的土地,成为多瑙河地区唯一的匈人君主。此时卢阿所统辖的除了多瑙河以北的广大平原和大部分匈人部落外,还有周边的众多蛮族部落与蛮族王国,可谓名副其实的"匈人帝国"。

就在卢阿建立自己帝国的同时,西罗马帝国正经历一场严重的内战风暴。西罗马帝国所倚重的两位最重要将领——埃提乌斯与博尼法斯——相互敌视。博尼法斯远离宫廷,在

北非汪达尔国王盖萨里克发行的钱币

阿非利加任总督，埃提乌斯趁机极力挑拨，使得太后普拉西狄娅与博尼法斯相互猜忌。博尼法斯为了自保，遂暗中与西班牙的蛮族王国结盟，于428年邀请西班牙的汪达尔人与阿兰人国王盖萨里克（Geiseric）率军进入阿非利加。盖萨里克抓住这一天赐良机带领麾下部众8万余人举族迁往非洲，并于430年公开与西罗马帝国敌对，逐一攻占当地城镇，以图建立起自己的非洲王国。博尼法斯屡战屡败，困守几座孤城。此时西罗马帝国才意识到情势的严峻，向东罗马帝国紧急求援。阿斯帕尔率东罗马舰队由君士坦丁堡出发前往非洲援助博尼法斯，但东罗马援军同样蒙受败绩。博尼法斯只得于431年离开非洲，留下阿斯帕尔和东罗马军队独自苦苦支撑，抵抗汪达尔人的围攻。西罗马帝国实际上自此丧失了最富庶的省份，以及最大的财政收入与粮食来源。值得注意的是，在整个汪达尔人的非洲王国历史上，其国王的正式称号一直是"汪达尔人与阿兰人之王"。这表明阿兰人始终在这个蛮族集团中占有重要地位，汪达尔王国的精锐骑兵大概主要由阿兰人组成。另外值得一提的是，就在汪达尔人入侵北非的同时，盎格鲁人、萨克森人与朱特人（Jutes）也攻入不列颠，形成了中世纪初期不列颠岛上的族群格局。

博尼法斯回到西罗马宫廷面见皇帝与太后，埃提乌斯的诡计终于暴露，于是皇帝宣布剥夺埃提乌斯的军权，由博尼法斯任军队总指挥。此时埃提乌斯刚降服了法兰克人，势力正盛，拒绝交出兵权。于是两位将军之间爆发短暂内战，在432年的利米尼战役中，博尼法斯击败埃提乌斯，但自己也身负重伤，不久死去。战后埃提乌斯被迫交出兵权，然而博尼法斯的女婿塞巴斯蒂安（Sebastian）不肯罢休，非要除掉埃提乌斯。埃提乌斯闻讯逃往达尔马提亚，之后向北穿越潘诺尼亚地区进入匈人地域向卢阿求助。依靠匈人的帮助，埃提乌斯重获大权，成为西罗马帝国的最高军事统帅，塞巴斯蒂安只得逃往君士坦丁堡避难。不过卢阿的援助是有代价的，依照双方的约定，433年西罗马帝国将第一潘诺尼亚省割让给匈人，六年前罗马刚从匈人手中夺取的土地再度丧失；同时西罗马还把一批贵族人质送往匈人王庭,其中包括埃提乌斯之子卡尔皮利欧(Carpilio)。埃提乌斯赞成割让第一潘诺尼亚省,是因为他深知自己在宫廷中受到普遍憎恨,希望让自己盟友的势力更接近西罗马帝国的心脏地带,从而制衡宫廷中的敌对势力。对西罗马帝国与欧洲诸族而言,第一潘诺尼亚省的丧失后果严重,匈人的势力自此越过多瑙河深入中西欧地区,周边的很多罗马行省和日耳曼族群从此面临着匈人的直接威胁。

最先遭到匈人攻击的是勃艮第人。勃艮第人属日耳曼族,据说是早期罗马帝国时代一批戍边的罗马将士与日耳曼女人混血的后裔。这个民族素以英勇善战著称,一直受到周边族群的畏惧。因为直接或间接受到匈人向西扩张的挤压,勃艮第人于5世纪初越过莱茵河,很可能是随着405—406年拉达盖苏斯掀起的迁移浪潮进入罗马帝国的。罗马帝国将他们安置在莱茵河中段南岸地区,他们则以"同盟者"身份为罗马帝国效力。勃艮第王国的中心在今沃尔姆斯,其领土大概还包括今美因兹与施派尔等地。435年,勃艮第王贡德哈尔(Gundahar)入侵上贝尔吉卡(今卢森堡一带),被埃提乌斯击败。然而勃艮第人的威胁依然存在,于是埃提乌斯通过外交手段,劝说匈人对勃艮第人发动袭击。

第四章 阿提拉王朝的兴起

罗马人的这段外交活动迷雾重重，详情已无法确知。按照某些模糊的教会史记载和传说，匈人与勃艮第人之间的争端由来已久。据称另有一支勃艮第人生活在莱茵河东岸，他们跟匈王乌普塔（Uptar）率领的匈人长期敌对，双方在战争中互有胜负，乌普塔可能因此于430年左右身亡。这位"乌普塔"应该就是卢阿的兄弟——匈王奥克塔，他的死去不免会导致卢阿对勃艮第人的报复。总之罗马人的请求正合匈人的心意。437年，匈人发动了全面进攻，据说有两万勃艮第人

（德）施诺尔·冯·卡罗尔施菲尔德，《匈人屠杀尼伯龙根人》，慕尼黑王宫尼伯龙根大厅中的壁画之一

被杀,贡德哈尔王本人亦战死。残存的勃艮第人于443年被辗转安置在高卢东南部的今萨伏伊一带。对于中西欧居民而言,这场迅猛而残暴的蛮族进攻与民族屠戮事件乃是一场极具震撼性的灾难和悲剧。如同特洛伊战争一样,勃艮第王国毁灭的故事后来深深根植于西方文化传统,成为众多"尼伯龙根"(意为勃艮第)传说的根源。

这一时期还有大批匈人士兵在西罗马帝国军中服役,他们大概都是卢阿根据协议向埃提乌斯提供的。当时遍布高卢地区的"巴高达"(Bagaudae)奴隶与农民暴动就是被埃提乌斯的部将利托里乌斯(Litorius)率匈人军队镇压下去的。435年,利托里乌斯前往救援高卢的纳博讷,该城长期遭西哥特人围困,利托里乌斯麾下的匈人士兵在解围战中起了关键作用。之后三年间,利托里乌斯一直依靠匈人军队的帮助抵御西哥特人的进攻,西哥特人最终撤离。不过这些匈人士兵非常野蛮凶暴,给沿途的罗马地区造成了很大破坏。击退西哥特人后,利托里乌斯于439年转守为攻,进抵西哥特人首都托罗萨(今图卢兹)。信奉异教的匈人在托罗萨城下举行占卜仪式,利托里乌斯为笼络匈人亦加入其中,早已皈依基督教的西哥特人和罗马人对此大为惊异。在随后双方的决战中,尽管罗马人一方的匈人作战勇猛,国王狄奥多里克率领的西哥特人还是大获全

第四章 阿提拉王朝的兴起

胜,匈人全部战死,利托里乌斯被俘后遭处决。之后不久埃提乌斯本人亲率大军赶来,迫使西哥特人求和。在当地著名贵族元老、前禁卫军统领和后来的罗马皇帝阿维图斯(Avitus)的撮合安排下,双方达成和平。由于大部分匈人军队皆在托罗萨城下被消灭,这之后西罗马帝国军队中不再有大队的匈人士兵。至此,埃提乌斯在高卢地区经过长年征讨,基本上降服了进入西罗马帝国的众多蛮族和反抗者,和平终于得以恢复。强大的法兰克人、勃艮第人和西哥特人此时皆已成为罗马帝国盟友,阿兰人也积极为帝国效力。虽然和平局面仅持续了十年左右,但这宝贵的喘息之机以及与蛮族的同盟关系对于后来西罗马帝国抗击匈人的入侵至关重要。

同一时期在东罗马帝国,阿斯帕尔的非洲远征带走了帝国相当部分的作战部队,而且非洲的战事旷日持久,这无疑使得东罗马帝国的边防非常脆弱。卢阿不失时机于434年派出使节前往君士坦丁堡,向东罗马皇帝提出强硬声明,要求罗马人遣返某些逃亡的匈人,否则将会与东罗马帝国兵戎相见。卢阿在位时期是匈人文化与社会迅速发展的时期,具有国家雏形的超部落组织的出现已是大势所趋。卢阿力图模仿哥特与日耳曼诸王,建立起自己强有力的集权统治,从而雄霸草原。但那些敌对的部落,还有那些珍视部落传统、希望保持独立的部落依然众多。由于东罗马帝国乐意以优厚酬劳雇佣匈人战士，这些不愿服从卢阿的匈人族群往往举族避入东罗马境内。在卢阿看来，罗马军中这类匈人部队的存在无疑大大削弱了自己的政治军事权威，因此不能容忍。对于卢阿的威胁，东罗马帝国的策略是派出使者前往匈人王庭谈判，力图拖延时间。卢阿自然不会给敌手以喘息之机，开始为军事行动做准备。但就在罗马的使者即将返回，匈人大军也将随之出动时，卢阿突然死亡，军事行动只得作罢。卢阿确切的死亡时间不详，大约在 435 年左右。东罗马帝国幸运地躲过了一次劫难，基督徒们将卢阿之死视为"奇迹"。

值得一提的是，就在卢阿死亡的同时，东罗马皇帝的一项决策也将对后世游牧民族的历史产生深远影响。此时东罗马帝国境内的教派纷争愈演愈烈，皇帝狄奥多西二世最终决定介入争端，他宣布君士坦丁堡教长聂斯托里乌斯（Nestorius）的神学见解为异端，随后将其流放。聂斯托里乌斯死后，其追随者们离开罗马帝国向东方传教，将基督教带入亚洲腹地，聂斯托里乌斯教义以"景教"之名为中国人所知，后来成为草原地带信奉最为广泛的宗教。

第二节　双王执政

继承卢阿为王的是他的两个侄子，年长者为布雷达，年幼者为阿提拉。这兄弟二人的个性完全不同：布雷达较为轻浮，习于享乐；阿提拉则威严倔强，雷厉风行。有关布雷达最著名的故事是他对侏儒泽尔科的宠爱。泽尔科是个来自北非的摩尔人奴隶，善于扮演各种丑角。泽尔科的话语和走路神态总能让布雷达开怀大笑，因此布雷达无论是宴饮还是战争都将泽尔科带在身边，还专门为泽尔科定制了一身衣甲。而阿提拉对于这类低级愚蠢的表演深恶痛绝。后来泽尔科伙同几个罗马俘虏逃跑，布雷达闻讯后失魂落魄，不理政务，派出全部骑兵四处搜寻。最终泽尔科被捕获，并被带到布雷达面前。布雷达质问他为何逃跑，泽尔科结结巴巴回答说，因为布雷达一直不给自己一个妻子。布雷达哈哈大笑，向泽尔科发誓说："我一定会在君士坦丁堡宫廷的淑女中为你挑选一名妻子。"后来布雷达果真找了一名"斯基泰女人"与泽尔科成婚。

尽管卢阿已经死亡，东罗马帝国还是按计划派出了和谈使团，期望与新的匈王达成协议。435年，东罗马使团由普林塔（Plintha）与埃皮金尼斯（Epigenes）率领自君士坦丁堡出发，一行人抵达上默西亚省的马尔古斯城，就在城外与两位匈王谈判。匈人习于乘马，匈王及其随从全部骑在马背上，罗马人感到站在地上仰视对方有失尊严和体统，于是也全部骑上马参与谈判。最后双方达成妥协，签订了《马尔古斯条约》。条约规定：罗马人保证不再收容从匈王领土中逃出的匈人，已进入罗马帝国的匈人也必须立即交还给匈王；同时匈人交还手中的罗马俘虏，每人的赎身费为8枚金币；罗马帝国不得与匈人的敌人结盟，并保证匈人的商贸权利及匈族商人的人身安全。此外还有最重要的内容——年金问题。可能在数年前——最有可能是431年阿斯帕尔率主力西征时，东罗马帝国就开始付给卢阿贡金，金额如前文所言为每年350磅黄金。现在匈人要求贡金加倍，因为匈人有了两位国王，罗马人只得答应了这一要求。

条约签署后，东罗马帝国履行条约，送出了700磅黄金，将一批逃往罗马境内避难的匈人交还给匈王。其中最重

第四章 阿提拉王朝的兴起

要的是两位"王族青年",名为马玛(Mama)和阿塔卡姆(Atakam),他们大概是不愿服从卢阿与奥克塔家族的部落首领,又或者是阿提拉和布雷达的血亲,因而是匈人王位的潜在争夺者。两人被罗马帝国递交给布雷达和阿提拉后,立即被钉刑处死。之后罗马人意识到这些亲罗马匈人的重要性,遂停止遣返境内的匈人,布雷达和阿提拉亦没有进一步追究。随后几年,东罗马帝国极力加强边境地区和重要城市的防御工程,帝国境内虽然偶尔受到蛮族叛乱的困扰,但总体上与匈人相安无事。匈人除了按约每年接受700磅黄金外,并没有进一步的劫掠行动。

实际上,此时布雷达与阿提拉也希望与罗马帝国保持和平。因为他们刚刚即位,面临着两项迫切任务:巩固自己的统治地位和确立本王朝的草原霸权。此后数年,布雷达与阿提拉"忙于降服斯基泰地区(即草原)诸族,对索罗斯吉人(Sorosgi)作战"。大体上此时匈人世界的重心已经由南俄平原向西移动至多瑙河平原,布雷达与阿提拉由于有日耳曼诸族的帮助和罗马帝国的金钱,拥有了异常雄厚的人力与财力资源,于是向南俄平原地带发动战争,力图使自己成为整个匈人世界的霸主。同时匈人还向西扩展势力,其统治范围深入莱茵河地区,众多日耳曼部落都承认匈人的宗主权。据称,阿提拉曾"统治大洋中的诸岛",所指具体地区不详,可能是波罗的海沿岸地区,也可能是不列颠。当然,这种"统治"仅是名义上的,这些岛屿居民只需上缴一定的皮毛或琥珀等作为象征性贡赋,匈人的名义宗主权对当地的历史毫无影响。尽管布雷达与阿提拉是两大草原的霸主,但匈人从未发展到像匈奴人、突厥人或蒙古人那样建立统一民族国家的地步,仍然有众多匈人与阿兰人部落不受布雷达与阿提拉的统辖。这些独立的游牧民族基本都生活在顿河以东的地区,因此可大体认为,顿河以西直至莱茵河上游的广大地域,此时都处于两位强有力匈王的统治之下。

到了439年,地中海世界的局势发生了巨大变化。当年,东罗马军队守卫的北非城市全部陷落,整个阿非利加地区落入汪达尔人之手。东罗马帝国于次年做了最后的努力,派出一支1100艘舰船组成的庞大舰队西征,力图夺回阿非利加。同时在东方,波斯王叶兹底格德二世(Yazdegerd II)也派军队攻入罗马的亚美尼亚省。尽管波斯人不久就退兵,但他们的举动还是迫使东罗马帝国将仅有的作战部队调往东部边境。东罗马帝国勉力支撑两线作战,其北部边境几乎无兵可用,这对北方的匈人而言可谓天赐良机。值得一提的是,波斯人退兵的原因是因为东方边境突然遭到一支强大游牧民族

第四章 阿提拉王朝的兴起

的进攻，这个民族即埃弗塔里特人（Ephthalites），或称"白匈人"，他们可能就是中国史书中所谓的嚈哒人。

在整个5世纪40年代，东罗马帝国面临众多外部威胁，除匈人之外，还有波斯人、汪达尔人、伊苏里人（Isaurians）、萨拉森人，甚至埃塞俄比亚人（Ethiopians）。对东罗马帝国政府而言，亚洲地区和埃及在财政上至关重要，因此在多瑙河边境地区投入的军力和财力相对薄弱。这是此时期匈人屡屡发动大规模入侵的主要原因。此外，北非的汪达尔王盖萨里克以擅长外交著称，据说为了对抗东罗马帝国，他首先与西罗马帝国媾和，然后以重金收买匈人南下发动进攻。果然，当匈人开始进攻时，东罗马急忙召回西征的舰队，结果这支远征军根本没能进攻汪达尔人，仅镇压了西西里的暴动就匆匆返航。

440年，位于多瑙河边境的一座堡垒遭匈人突袭而陷落。根据卢阿时代的协议，这处堡垒是互市地点之一，匈人可以在此与罗马人交易。匈人在交易时出其不意发动攻击，击败罗马守军并屠杀了一些民众。东罗马政府抗议匈人违背了《马尔古斯条约》，但匈人自有其借口，他们声称曾参与条约签订的马尔古斯主教大逆不道，胆敢越过多瑙河盗取匈王墓葬中的珍宝。匈人还旧事重提，指责东罗马政府没有交出境

101

内的全部匈人。随后匈人军队越过多瑙河劫掠了众多南岸城镇，他们的行动几乎未遇到抵抗，更有一些罗马帝国的蛮族士兵倒戈加入匈人一方。首先落入匈人之手的最重要城市是维米纳奇乌姆（今塞尔维亚的科斯托）。这座城市被匈人彻底摧毁，城中的居民也全部被掳走。现代考古学者在维米纳奇乌姆遗址中发现了一处埋藏的金库，藏有超过十万枚钱币。这大概是当时居民们受攻击时紧急埋藏的，藏宝地点后来湮没无闻，被人遗忘。马尔古斯主教害怕罗马人会屈从于匈人威胁，将自己交给匈人，便索性投靠了匈人，匈人依靠其内应轻而易举就拿下了马尔古斯城。同时，匈人还攻占了多瑙河对岸的重要堡垒君士坦提亚。随后多瑙河畔的两座最重要城市陷落，它们是塞尔米乌姆和辛吉杜努姆，后者即今贝尔格莱德。跟维米纳奇乌姆一样，这两座城市被完全摧毁，居民成为奴隶。匈人的袭击活动持续了约一年，至441年方告终止。

到了442年，匈人暂停了进攻，东罗马帝国的军队司令阿斯帕尔安排停战和谈，东罗马皇帝狄奥多西二世则抓紧时间全力备战。阿提拉在和谈中态度强硬，宣称罗马人必须立即交出匈人逃亡者并支付拖延的贡金，而且不得有任何敌对防御行动，否则匈人将会再度发动进攻。罗马人力图拖延，

第四章 阿提拉王朝的兴起

回避交出匈人逃亡者，因为这些人已在罗马军队中服役，而且此时东罗马帝国已经与汪达尔王盖萨里克达成和约，远征阿非利加的舰队已经归国，君士坦丁堡周边的军事防御设施经修葺和部署有所加强。为此阿提拉大怒，调集所有军力向东罗马帝国发动了全面进攻。匈人蛮族越过多瑙河，一路向东推进，攻占沿途的堡垒和城镇，最后攻陷了河畔达西亚省的首府拉提亚里亚。拉提亚里亚不仅人口众多，经济繁荣，还是东罗马帝国多瑙河舰队的基地，城中有一座巨大的军械制造工场。这座城市被彻底摧毁，居民沦为奴隶。

拉提亚里亚被攻占后，罗马舰队不再对蛮族军队构成威胁，匈人免除了后顾之忧，于是沿着马尔古斯河（今摩拉瓦河）向南推进，攻占了战略重镇奈苏斯。这座城市是君士坦丁的诞生地，同样人口众多而且有一座军械工场，它的命运跟上述所有被匈人攻占的城市一样，被夷为平地。之后匈人沿着尼夏瓦河向东南方向进军，攻陷并洗劫了另一大城萨尔迪卡（今保加利亚首都索菲亚）。至此，匈人与东罗马首都君士坦丁堡之间已没有阻碍。匈人主力沿着宽阔通衢大道向君士坦丁堡进发，最终在距离君士坦丁堡不远处与阿斯帕尔统率的东罗马主力军队遭遇。但这支罗马军队在数量和质量上皆不敌匈人大军，会战的结果毫无悬念，罗马军队大败。战斗中，匈人骑兵快速突击穿插，切断了罗马军队撤回君士坦丁堡的退路，残存的罗马军队只得退往赫尔松内思城。匈人大军在东进的同时，还派出分队攻掠周边的城镇。这些城镇之中，阿卡狄欧波利斯被攻占，其他的阿德里安堡和赫拉克里亚大概幸免于难。另有少量设防城镇试图袭击匈人部队，也取得了一些战果。例如下默西亚省小城阿塞穆斯的居民就自己武装起来，攻击匈人的劫掠部队，杀死并俘虏了一些匈人，夺回了这些匈人虏获的财物和奴隶。也有说法称，阿塞穆斯本身是一座坚固堡垒，里面驻有一支军队，是军队击退了匈人的围攻。不过这类零星的反击并不能改变东罗马帝国惨败的大局。

在君士坦丁堡城外赢得会战胜利的匈人在东罗马帝国的欧洲心脏地带大肆掳掠，君士坦丁堡城墙以西的南北海岸皆可看到匈人骑兵的身影。但由于君士坦丁堡的城墙极为高大坚固，阿提拉从未想过要对这座巨大首都发起进攻。他最终率主力部队掉头进攻赫尔松内思的罗马残兵，取得了又一场胜利。东罗马皇帝狄奥多西二世只得请求和谈，派出安纳托利乌斯（Anatolius）率领的使团前往阿提拉处商讨订立和约。安纳托利乌斯时任帝国军队总司令，刚刚在东方对波斯帝国的战争中取得胜利，他大概是当时皇帝唯一可倚重的高级将

第四章 阿提拉王朝的兴起

领。此时阿提拉在军事上已很难再有进展,因此也乐于和谈。双方于 443 年 8 月达成协议:罗马立即交出手中的匈人逃亡者;罗马拖欠的贡金累计为 6000 磅,需立即支付;罗马上缴的贡金要增加两倍,达到每年 2100 磅;罗马俘虏的赎身费也上涨,为每人 12 枚金币;而且罗马帝国今后不得收容匈人逃亡者。

和约签订之后,阿提拉派出使者前往君士坦丁堡接收黄金和逃亡者。对于那些不愿回到北方的匈人逃亡者,罗马人已事先予以处死。阿提拉与东罗马帝国对此可能已有默契,匈人使者对此事倒没有追究。双方争执较多的是对阿塞穆斯居民攻击匈人事件的善后处理。阿提拉以战争相威胁,要求罗马归还被阿塞穆斯居民或驻军俘虏的匈人和被夺回的罗马奴隶。但那些被俘的匈人除两人外已全部被当地人处死,而那些被夺回的罗马奴隶也全部返乡了。最后的结果是:对于那些罗马俘虏,罗马帝国按照和约规定的每人 12 枚金币付一笔赎金给阿提拉;至于那些匈人俘虏,幸存的两人归还阿提拉,被杀者就不予追究了。直到 443 年末,战争终于结束。

之后的一段时期,阿提拉不断派出使者前往君士坦丁堡,要求罗马交出匈人逃亡者。而罗马帝国的回答也都千篇一律,国境内已不再有匈人逃亡者。阿提拉的这一举动大概并非是出于对罗马的敌意，而是将出使罗马作为绝好的发财机会，用以赏赐自己的部下。罗马帝国对于这种敲诈把戏心知肚明，匈人使者在完成了无关痛痒的外交使命后，都会获得东罗马皇帝的丰厚馈赠。此时，东罗马帝国的处境极为艰难：刚刚结束的匈人入侵使得帝国的欧洲部分损失惨重，元气大伤；这一时期波斯边境和亚美尼亚地区的局势也很紧张，帝国需要在东方投入大量的军力和财力；而在帝国的腹地小亚细亚中部，南部山地蛮族伊苏里亚人趁着局势混乱之机四处出击，大肆劫掠周边地区；同时南方边境蛮族的威胁也日甚一日，来自沙漠的萨拉森人部落不断袭击东南部边境诸省。因此面对匈人，东罗马皇帝没有其他选择，只得尽力安抚，以金钱换和平。同时罗马人尽力恢复多瑙河地区遭到彻底破坏的防御能力，修复堡垒并招募军队。

第三节　弑兄夺权

之后几年间，匈人世界的历史比较模糊，能够确知的重大事件是布雷达的死亡。在5世纪40年代初的战争中，布雷达似乎并未参与指挥，他的地位可能已遭到削弱。到了445年左右，阿提拉终于采取行动，将布雷达杀死，随后兼并了布雷达的领土和部众。对蛮族而言，阿提拉显然是比布雷达更合适的君王。他相貌威严，孔武有力，是个公正严明的法官和英勇无畏的战士，在政治外交方面也经验丰富。虽然兄弟相残是令人震惊之举，但布雷达之被杀却并未在匈人内部引起很大骚乱，因此布雷达从失势到被杀大概是个渐进过程。此间，阿提拉也利用游牧民族的宗教信仰和迷信提升自己的威望。据说有个牧人发现自己的牛有些跛足，便查看了牛脚，发现牛的脚底被划破流血。于是他顺着血迹找到了牛受伤的缘由——一把插在地上没入草丛中的古剑，这大概是斯基泰

中世纪金属纹章上的阿提拉形象
其上的文字为拉丁语"Atila, Flagelum Dei",意为"阿提拉,上帝之鞭"。

人或萨尔马特人之类的欧洲游牧民族宗教仪式的遗存。这个牧人于是把剑献给阿提拉,阿提拉随即宣称此乃"战神之剑",属于一位古代的伟大匈人领袖,但早已遗失,现在众神又将它赐予阿提拉,它将保佑阿提拉战无不胜。由于成为匈人帝国唯一的统治者,加之神意庇护,阿提拉的势力大为增强,他的统治也更具有集权色彩。匈人世界中已很少有人敢挑战阿提拉的权威,匈人的政治组织也进一步突破了昔日的部落架构,具备了国家的形式。这一时期,阿提拉的精力可能主要集中在运用战争获取的大量财力和人力降服匈人各部,尤其是东方南俄平原上那些过去鞭长莫及的匈人部落,以建立统一的匈人帝国。这段时间,东罗马皇帝派往匈人王庭的使节一般是走黑海的海路,这表明匈人的王庭已移往东北部,阿提拉的注意力此时主要在南俄草原。

447年开始,匈人又对东罗马帝国发动了一波大规模全面

第四章 阿提拉王朝的兴起

进攻。匈人发动进攻的真实原因为何，所有史料皆未有提及。不过考察一下当时文明世界所发生的事情，不难猜测游牧世界的状况。数年以来，东罗马帝国一直受到各类天灾的困扰，首先是大量降雪和极度严寒，之后是暴雨和洪水，445年起又暴发瘟疫，首都君士坦丁堡损失了大量人口。由于天灾引起的食物供应短缺，次年君士坦丁堡再度暴发瘟疫。南方的富庶之地尚且如此，北方苦寒之地所遭受的匮乏和损失之严重就更不必说了。如此背景之下，向南方发动掠夺性战争几乎是匈人与其他蛮族缓解自身灾害的唯一选择。对阿提拉而言，447年可谓千载难逢的进攻良机。这一年，东罗马帝国许多地区发生了据称是史上最严重的地震，暴雨和洪灾又随之而来，众多城市的建筑，特别是城墙遭到破坏，连首都君士坦丁堡的城墙亦未能幸免。东罗马帝国防御游牧民族进攻的能力因此受到了严重削弱。

此次进攻与前次进攻的最大不同在于规模更大，参加的蛮族非常驳杂，几乎可以说是欧洲蛮族的一次全体联合行动。就数量而言，蛮族联军中的日耳曼诸族人数大概远超匈人。这也可以印证这场长时间席卷欧洲的自然灾害波及范围之广。日耳曼大军中最为显赫的有两支：阿尔达里克王（Ardaric）率领的格皮德人和法拉米尔王（Valamer）率领的东哥特人。

这两个族群值得特别关注,因为当时他们的势力已经极为强大,足以跟匈人分庭抗礼。实际上,数年之后消灭匈人的主力正是这两个日耳曼族群。此次蛮族进攻的另一重要特点在于,入侵军队使用了攻城槌与抛石机等大型工程机械,这使得罗马的城镇与堡垒更难以抵挡蛮族的围攻。

然而,匈人的此次进攻遭遇到了出人意料的顽强抵抗。色雷斯地区的最大城市马尔西安堡驻有一支东罗马主力部队,军队的统帅为日耳曼人阿尔内吉斯克鲁斯(Arnegisclus),他

(西班牙)乌尔比安·切卡,《阿提拉的匈人蛮族大军》

敢于主动迎战匈人联军。双方在乌图斯河畔（今维德河）大战，战斗的结果是罗马军队战败，阿尔内吉斯克鲁斯阵亡。但罗马将士作战英勇异常，致使匈人一方也损失惨重。战后匈人乘胜进军，一举攻占了马尔西安堡，将这座大城彻底摧毁，随后一路东进直扑君士坦丁堡，途中遭遇来自色雷斯南部的一支东罗马军队，匈人同样将其击败。是役为阿提拉最后一场对罗马人的野战胜利，但导致进攻君士坦丁堡的计划流产。原来君士坦丁堡的城墙在地震中损毁严重，本来难以抵抗蛮族大军的围攻，但罗马军队的顽强抵抗却为帝国争取了宝贵时间。君士坦丁堡的内务大臣君士坦丁（Constantinus）紧急动员大量人力，迅速修好了城墙。同时来自亚洲的罗马军队也在君士坦丁堡周边集结完毕，负责守卫的罗马军队主力为新近归顺帝国的伊苏里人，这个数千年来袭扰小亚细亚的蛮族一向以悍战著称。有鉴于此，加之之前两场会战颇有些出乎匈人的意料，阿提拉没有继续冒险向东进军，转而向南洗劫了巴尔干地区。巴尔干的主要省份伊里利库姆、色雷斯与两个达西亚省，还有默西亚与斯基泰等省份均遭到严重破坏，人口和财富损失惨重。匈人还入侵希腊地区，不过他们的进军止步于著名的温泉关。据称仅色雷斯一地，陷落的城市就超过一百座，被杀者不计其数，连修士修女亦不能幸免。当时的史家感叹："阿提拉几乎将（东罗马帝国的）整个欧洲推倒，使其化为尘土。"447年的匈人入侵持续时间并不长，但造成的破坏却极其猛烈，所过之处，留下一片几乎空无一人的废墟。基督徒们认为这是神借这些残暴蛮族之手惩戒世人的堕落与罪行——阿提拉由此获得"上帝之鞭"的绰号。

第五章

阿提拉的外交和社会

447年的入侵结束后,匈人对东罗马的威胁依然迫在眉睫,但此时东罗马帝国在欧洲已没有可投入战场的野战部队,只能依靠外交手段维持和平。匈人与东罗马帝国之间的外交活动持续了一年多时间,东罗马取得了意想不到的巨大成功,不仅索回了丢失的领土,还与阿提拉达成了和平协议。和平并不意味着草原帝国与罗马帝国之间敌对的结束,实际上,全欧洲的蛮族大军厉兵秣马,准备向欧洲心脏地带发动史无前例的袭击。

第一节　阿提拉横扫东方

447 年的战争之后，大量的战利品使得多瑙河以北的诸蛮族暂无匮乏之虞，加之各地的天灾有所缓解，阿提拉的注意力遂又转向东北方，继续其统一草原的战争。此次他的主要打击目标是阿卡茨里人（Acatziri）。关于阿卡茨里人究竟是什么民族，历来有不同说法。有人认为他们即希罗多德笔下的阿加提西人（Agathysi），属斯基泰人；也有人认为他们即后来的哈扎尔人（Khazars），属突厥人；还有人认为他们实为马扎尔人，即后来的匈牙利人，属芬族。不过现代学者大多认同普里斯库斯的最简单论断：阿卡茨里人是某个拒绝服从阿提拉统治的匈人部落联合体。关于阿卡茨里人生活的地域，历来亦有不同的说法。同样是普里斯库斯的记载公认最为合理：阿卡茨里人的活动地区大约为黑海东北岸的草原。据记载，阿卡茨里人习于战事，不知耕作，他们的组织以部落为

第五章 阿提拉的外交和社会

基本单位,每个部落皆有各自的首领。跟阿提拉统治的匈人诸族相比,阿卡茨里人处于较低的社会文化发展阶段,更类似于早期的匈人。

阿卡茨里人最初跟布雷达与阿提拉统治的西部匈人帝国之间关系友好。布雷达死后,阿提拉致力于建立统一的匈人帝国,于是双方关系迅速恶化。东罗马帝国不失时机施展外交攻势,于445年派遣使者渡海前往阿卡茨里人之地,想劝说阿卡茨里人威胁阿提拉的后方,从而减轻自己所面临的压力。结果罗马使者不懂得匈人部落的规矩,举止失当,阴差阳错地引发了阿提拉对阿卡茨里人的进攻。原来阿卡茨里人尚处于较原始阶段,各部落首领之间基本平等,不过分化已经出现,某些首领的地位略高于其他首领。其中一位名叫库里达库斯(Curidachus)的首领自认为高人一等,应该首先接受罗马人馈赠的礼物,但罗马使者却第二个给予他礼物。此事在阿卡茨里首领之间引发纠纷,可能最终导致库里达库斯遭驱逐。于是库里达库斯投奔阿提拉,劝说阿提拉进攻阿卡茨里人,并自愿提供协助。阿提拉遂派出军队征伐阿卡茨里人,经过一系列征战,整个阿卡茨里族皆被阿提拉降服。可能库里达库斯的初衷只是想借阿提拉之力树立起自己在族人中的权威,现在事与愿违,遂不再跟阿提拉合作。但阿提拉强行整顿当地诸部,任命长子艾拉克(Ellac)统辖大部分阿卡茨里民众。对于库里达库斯,阿提拉倒没有进一步追究,允许他继续统治自己的部众。阿提拉由此稳定了自己的后方,以后东罗马帝国再无可能通过外交活动笼络黑海北岸的游牧民族。

征服阿卡茨里人之后,阿提拉帝国的势力达到巅峰,其直接或间接控制的领土东起高加索地区,西至丹麦和北海。这也是欧洲历史上版图最为辽阔的蛮族帝国。

同时,阿提拉与君士坦丁堡的使者们在多瑙河地区商谈和约,双方于448年达成新和约。新和约的内容非常苛刻,其中最重要一条是:匈人要求罗马人放弃多瑙河南岸的大片领土,从而在匈人帝国与东罗马帝国之间形成一条无人的缓冲地带。这条缓冲带始于辛吉杜努姆,终于诺瓦埃,长400多公里。匈人要求缓冲带的纵深应大于五天的行程,即150公里左右。按照该规定,多瑙河地区四个行省的大片领土将被废弃,地区内被匈人摧毁的城市和堡垒皆不得重建。显然东罗马帝国同意如此条款仅是权宜之计,并无意真正执行。而阿提拉也明白对方的意图,他可能只是想先迫使对方答应这一严苛条件,日后再以此作为讨价还价的筹码。此后几年,东罗马帝国的确极力通过各种外交手段促使阿提拉减缓或放

第五章 阿提拉的外交和社会

弃这一不合情理的要求。

就在和约签署后的次年,阿提拉派麾下最著名的将军之一埃德科(Edeco)出使君士坦丁堡。埃德科此前曾多次参与匈人与东罗马帝国间的和谈,在罗马人之中有相当的人脉。另外埃德科还率领一个使团,使团中有不少外交事务人员,其中最重要的人物是阿提拉的秘书之一奥里斯特斯(Orestes),一名出生于潘诺尼亚的罗马人。埃德科与奥里斯特斯二人值得特别关注。奥里斯特斯的岳父以传说中罗马的建城者命名,叫作罗穆路斯(Romulus),后来奥里斯特斯为纪念自己的岳父,也给自己的儿子取名罗穆路斯。这位小罗穆路斯就是未来西罗马帝国的末代皇帝罗穆路斯·小奥古斯都(Romulus Augustulus)。埃德科则是日耳曼族斯基利人的首领,当时蛮族世界中声望最高的军事领袖之一。关于埃德科的身份说法不一,他大概是日耳曼族图林吉人(Thuringi),也可能是匈人。埃德科娶了一位斯基利族公主,加之有阿提拉的支持,因而统领斯基利人。后来罢黜罗穆路斯·小奥古斯都的著名日耳曼首领奥多瓦克(Odovacar)正是埃德科之子。

埃德科在接受东罗马皇帝狄奥多西二世召见时递交了一封阿提拉的书信,并口授了一份声明。书信和声明的内容并无新奇之处，大意是阿提拉指责君士坦丁堡在履行和约时有意拖延，不仅继续庇护匈人逃亡者，还不愿撤出多瑙河南岸无人区的居民。阿提拉要求罗马帝国政府派出一个高规格使团前往匈人王庭洽谈相关事宜，以弥合双方的分歧，使团首领的身份至少应该是前执政官等级。最后阿提拉还威胁说，如果必要，自己会越过多瑙河前往萨尔迪卡亲自与罗马使团会晤。

觐见完皇帝之后，埃德科被带到一处官邸，见到了当时东罗马帝国最炙手可热的权臣——宦官克里萨菲乌斯（Chrysaphius）。克里萨菲乌斯首先询问埃德科对君士坦丁堡的感受，埃德科据实回答，身为蛮族人，对于罗马帝都的宏伟壮丽和奢侈富裕深为惊叹。克里萨菲乌斯随即诱导说，如果埃德科愿意，也可以拥有巨大的财富和奢华的宅邸，条件是他必须为罗马效力。埃德科以套话回应说，除非主人阿提拉首肯，自己不能答应。克里萨菲乌斯询问埃德科在匈人宫廷中的地位和权势如何，并声称，如果埃德科能发誓保密，自己有办法使其成为巨富。最后，克里萨菲乌斯邀请埃德科不要带奥里斯特斯等随从，单独与自己共进晚餐。餐桌上除了克里萨菲乌斯和埃德科之外，仅有一名罗马人——翻译比吉拉斯（Bigilas）。克里萨菲乌斯首先要求埃德科宣誓保密，

第五章 阿提拉的外交和社会

埃德科于是发誓绝不会泄露谈话内容。克里萨菲乌斯这才说出了真实的意图：希望埃德科返回匈人王庭后设法杀掉阿提拉，事成后如果埃德科能安全返回君士坦丁堡，他将在奢侈与安逸中度过余生。埃德科的反应颇出乎克里萨菲乌斯的预料，他立即答应了对方的请求，但提出额外的要求，称自己需要 50 磅黄金以收买手下人的效忠。克里萨菲乌斯说这笔钱现在就可以支付，但埃德科担心如此巨额的金钱自己不便携带，也无法保密。最后埃德科决定自己先尽快返回匈人王庭向阿提拉汇报此次出使的结果，另由两人之外的唯一知情人——翻译比吉拉斯设法将黄金带过多瑙河交给他。

晚餐结束后，克里萨菲乌斯向皇帝及几名高级大臣汇报计划的进展。他们商定，应该派出一个有比吉拉斯参加的使团跟随埃德科一同前往觐见阿提拉，从而寻找将黄金秘密带入匈人王庭的办法。为了掩人耳目，使团由著名法学家马克西米努斯率领，比吉拉斯表面上仅是个无足轻重的翻译。对于比吉拉斯的秘密使命，马克西米努斯等人完全不知情，他们的主要任务是将皇帝的答复信函递交阿提拉。在信中，皇帝尽可能满足阿提拉的请求，将留在罗马境内的最后 17 名匈人逃亡者送交阿提拉。马克西米努斯曾是《狄奥多西法典》的编撰者之一，他虽然是贵族，但并非阿提拉所要求的元老等级显贵。之所以派他带队出使，可能是因为皇帝狄奥多西二世顾及此行的风险（如果刺杀阿提拉的阴谋败露，整个使团可能将无人幸免），派遣地位相对较低的人可以降低损失。

马克西米努斯接到出使命令后开始物色使团的其他成员，他选择了自己的朋友，当时已小有名气的修辞学家普里斯库斯担任顾问。使团中的另一重要人物是商人鲁斯提奇乌斯（Rusticius），此人是自告奋勇加入使团，因为他跟阿提拉王庭中的一些罗马人有商贸往来，他也是比吉拉斯之外唯一懂得匈人语言的使团成员。其他重要成员自然包括阿提拉的将军埃德科、翻译比吉拉斯和阿提拉的秘书奥里斯特斯。为了应付穿越广阔无人地带的艰辛历程，使团还准备了很多牲畜和生活物资，并雇佣了一些仆人。

第二节　恶意的出使与戏剧结果

使团一行由君士坦丁堡出发，经过 13 天的路程，抵达萨尔迪卡。这座城市已经在 441 年的匈人进攻中被摧毁，现在只有极少数居民生活在废墟之中。马克西米努斯从当地人那里买了牛羊宴请匈人。席间就东罗马皇帝与匈人王阿提拉的地位孰高孰低，罗马人与匈人之间发生争执，比吉拉斯坚持称东罗马皇帝狄奥多西二世绝非凡人，匈人们则无意认同，好在事情没有闹大。之后马克西米努斯向埃德科和奥里斯特斯赠送礼物。奥里斯特斯暗地里告诉马克西米努斯，埃德科曾经与罗马高官有过密谈，由比吉拉斯做翻译。马克西米努斯与普里斯库斯对这一消息大为困惑，询问比吉拉斯也一无所获。实际上埃德科根本无意叛主，早已将整个阴谋策划告知了身边的匈人和奥里斯特斯。奥里斯特斯为了答谢马克西米努斯的馈赠，有意透露一点消息给马克西米努斯，希望他们对此行的风险和自身安危有所警觉。

之后使团继续前进，抵达奈苏斯城。这座昔日的罗马重镇在六年前被匈人彻底摧毁，仅剩下乱石和瓦砾。城中的居民消失无踪，只有一小撮老弱者住在一所破教堂里苟延残喘。由于城中无法居住，使团只得在城外的河边寻找宿营地。然而河岸边满是死者的骸骨，使团只得沿河上行，走到一片相对干净的地方宿营。第二天，伊里利库姆的军事长官阿金特乌斯（Agintheus）前来与使团会面，他带来五名准备移交给阿提拉的匈人逃亡者，将他们交给使团。又过了一天，使团成员们乘坐独木舟越过多瑙河继续前进，有一批在当地狩猎和巡逻的匈人骑兵随行。之后匈人命令使团停止前进，由埃德科与其他匈人先行进发，向阿提拉汇报使团的到来。到了晚上，匈人骑兵过来通知使团准备觐见阿提拉，次日使团在匈人骑兵引导下来到阿提拉的驻地。使团成员们行进到一座小山丘上，见到山下的平原上有大片的帐篷营地，想必就是阿提拉的驻地。使者们遂决定在山上扎营，但被匈人骑兵制止，因为使团的营地不得高于阿提拉的营地，使者们只得照办。

之后的情势却急转直下，几名匈人将领在埃德科与奥里斯特斯的陪同下前来，质问使团此行的目的。马克西米努斯坚称必须面见阿提拉本人，向其呈交东罗马皇帝的信件并汇报此行的目的。双方僵持不下，最后匈人们失去耐心，很粗暴地命令使团回国。显然阿提拉已经从埃德科那里知悉了罗马人的阴谋，但马克西米努斯与普里斯库斯等使团高级成员还蒙在鼓里，对如此变故大为惊惧。既然事已至此，使团成员们只得收拾行装，准备启程返回。但随后又有匈人过来要求他们再等待一天，匈人还送来一头牛和一些鱼，据称是阿提拉的赠予。次日匈人们依旧坚持要马克西米努斯透露出使的目的，双方再度僵持。

普里斯库斯设法打破僵局。由于对比吉拉斯已不再信任，他转而委托鲁斯提奇乌斯向埃德科之外的另一匈人首领斯科塔（Scotta）表示，如果能安排罗马使者觐见阿提拉，使者们将赠送给他丰厚的礼物。罗马人采用激将法，称此前曾听闻斯科塔在匈人王庭中有很大影响力，现在看来事实并非如此。斯科塔果然被激怒，为了证明自己的重要地位，他立即策马而去为罗马人说情，并很快返回通知罗马人去觐见阿提拉。

阿提拉的王帐有一大批士兵守卫，马克西米努斯、普里斯库斯及比吉拉斯等人被带进去。阿提拉端坐在木椅上接见罗马使者，这是普里斯库斯第一次亲眼看见这位草原枭雄：阿提拉身材矮小粗壮，面庞宽大，眼睛小而深陷，鼻子扁平，留着稀疏的胡子。马克西米努斯毕恭毕敬地呈上东罗马皇帝的书信，并向阿提拉转达了皇帝的良好愿望。阿提拉很冷淡地回答："希望这些'良好愿望'也降临到罗马人身上。"显然阿提拉意在暗示自己早已洞悉罗马人的诡计，但马克西米努斯完全不解其意。可能阿提拉也不能确定马克西米努斯与普里斯库斯等人是否参与阴谋，遂转而向确定参与阴谋的比吉拉斯大发雷霆。阿提拉坚持说罗马藏匿了很多匈人逃亡者，比吉拉斯诚惶诚恐地回答说罗马已经交出了手中的全部匈人。最后阿提拉失去了耐心，命令比吉拉斯滚出去，并咆哮说如果罗马人继续使用匈王的奴隶（指匈人逃亡者），他将会发动战争。之后阿提拉又要求其他使者也退下，静候自己对来信的答复。

当晚埃德科过来与比吉拉斯单独会面，称阿提拉非常震怒，如果罗马方面不立即履行义务，他将发动战争。之后数天，大部分罗马使者被勒令留在匈人营地，他们必须自己购买生活物资。比吉拉斯则跟随匈人使者埃斯拉（Esla）回君士坦丁堡交涉，此时比吉拉斯还不明白阴谋早已败露。随后阿提拉率匈人主体拔营出发，罗马使团则由匈人向导带领走另一条路前往匈人王庭。罗马使团在广阔无垠的草原上艰难行进，他们穿过好几条河流，沿途见到不少村庄，在夜间渡过

第五章　阿提拉的外交和社会

一个大湖时丢失了大部分行李。

使团唯一有趣的一段经历是在一座村庄受到款待，女主人曾是布雷达的妻妾之一，因此在匈人之中颇有势力。她不仅热情招待了罗马使者们，给他们提供食宿，还主动提供漂亮姑娘陪宿，但罗马人婉拒了陪宿邀请。在这些习惯了君士坦丁堡优渥生活的罗马人眼里，匈人的食物和烈酒虽然数量丰富，但实在是粗劣难食。不过遭遇不幸时承蒙慷慨好客的蛮族款待，罗马人皆心存感激。为了答谢女主人的款待，罗马人送给她一些皮毛和银器，还有印度胡椒和椰枣等礼物，这几种食物在匈人地区是罕见的贵重物品。之后罗马人又行进了一周时间，抵达一处接待匈人官员和各国使团的村庄。在这里，东罗马使团遇到了一个来自西罗马的使团，其中有不少帝国政要，包括奥里斯特斯的父亲塔图鲁斯（Tatulus）和岳父罗穆路斯，这两人即未来西罗马帝国末代皇帝的祖父和外祖父。

随后来自东西两个帝国的使团结伴而行，他们又穿过很多河流，最终抵达匈人的王庭。在罗马人看来，这座王庭不能算作城市，仅是一座巨大的村庄。村庄建在一片极开阔的草原上，如此地形可以防止敌人偷袭并有利于施展骑兵战术。在村庄中，阿提拉的住房最为醒目，它建在一座小丘之上，使用的木材较为光滑平整，外围有带小塔楼的栅栏环绕。另有一圈更大的栅栏，囊括了阿提拉宫廷中重要大臣的宅邸，其中地位最高最受宠信者为奥内格西乌斯（Onegesius），斯科塔的一个兄弟。奥内格西乌斯的房子格外醒目，它面对着栅栏的正门，并包含有一间石头砌成的浴室。这座浴室由匈人所掳罗马居民建造，石材取自远方，因而工程浩大。奥内格西乌斯本人刚从东部回来，他此去东部是奉阿提拉之命，立阿提拉的长子艾拉克为阿卡茨里人之王，但未能成功。

当阿提拉抵达王庭时，罗马人也跟随其他人一起出去迎接。阿提拉回到王庭的排场颇大，所有官员的女眷都要出来迎接。为显示对奥内格西乌斯的宠信，阿提拉骑在马上接受了其妻奉上的食物和酒，之后便策马奔向自己的宅邸。不过普里斯库斯注意到，阿提拉的衣服、靴子、佩剑与马具都比较朴素，不像其他匈人显贵那样饰以金银宝石。由于奥内格西乌斯要觐见阿提拉汇报东部的局势，所以他的妻子负责招待众罗马使者。

次日，马克西米努斯派普里斯库斯前往奥内格西乌斯处，向他赠送皇帝的礼物并询问何时能再觐见阿提拉。发生了一件令普里斯库斯惊奇万分的事情，当他在奥内格西乌斯房门外等候时，突然听到有人用熟悉的乡音希腊语对他说"你好"

第五章　阿提拉的外交和社会

（chaire）。此前普里斯库斯遇到的蛮族主要讲匈语和哥特语，还有少数蛮族跟西罗马人打交道时说拉丁语，仅有那些被匈人从色雷斯和伊里利库姆地区虏获的奴隶讲希腊语。而这位向普里斯库斯问候的人显然并非奴隶，而是一个身居高位的匈人，他的服饰与发型皆与其他匈人贵族无异，于是两人攀谈起来。

原来此人确实曾是纯正的希腊人。他本来是维米纳奇乌姆城的商人，440至441年匈人入侵期间维米纳奇乌姆陷落，被匈人俘虏。根据匈人的习俗，较富裕的俘虏应该归显赫的匈人所有，于是他被转交给奥内格西乌斯。由于种种原因，这位希腊人未能赎身恢复自由。但他多次跟随奥内格西乌斯出征，在443年与447年两次入侵东罗马的战争中皆表现突出，后来他还参加了448年对阿卡茨里人的战争。之后他用战利品赎回了自由，还娶了一个匈人妇女，实际上已成为一个匈人。由于匈人社会不像文明世界那样等级森严，他现在甚至可以跟自己昔日的主人同桌进餐。他觉得作为匈人境遇不错，胜过昔日在维米纳奇乌姆做商人。他声称，罗马人已腐化堕落，平民贪生怕死，官员横征暴敛，法庭罔顾正义，因此无力应付蛮族的进攻，相比之下，自己宁愿身为蛮族也不愿做罗马人。这位希腊商人的奇特经历颇有启发性，有助于我们理解为何在人力财力方面占有绝对优势的古代文明社会往往不敌蛮族的侵袭。

最终，奥内格西乌斯接见了普里斯库斯，他接受了罗马人的礼物并表示感谢，答应立即去见马克西米努斯。马克西米努斯见到奥内格西乌斯后，请求他亲自去君士坦丁堡洽谈和约事宜，声称如果双方成功实现了和平，奥内格西乌斯将获得丰厚回报。但奥内格西乌斯回答说自己绝不会背叛阿提拉，之后便告辞了。次日普里斯库斯又奉命去阿提拉的王后赫勒卡（Hereca）那里进献礼物，之后便在匈人之中闲逛，匈人侍卫们并没有阻拦罗马使者的行动。普里斯库斯目睹了匈人的一次最高司法活动：一大群人围在阿提拉的屋前等候裁判。阿提拉很傲慢地走出屋子，细听申述和辩护，然后立即给出判决。很快，阿提拉又转身回屋，据说是要接见某蛮族的使节。

随后，普里斯库斯在奥内格西乌斯房屋门口又遇到了西罗马的使者们，双方攀谈起来。西罗马使团的首领罗穆路斯声称阿提拉冷酷无情，致力于追求个人的权势，是有史以来最强有力的斯基泰（这里泛指游牧民族）统治者，"战神之剑"的发现更极大增强了阿提拉的威望。罗穆路斯还说，阿提拉正筹划进攻波斯，但其他人不相信，因为之前匈人进攻

第五章 阿提拉的外交和社会

波斯曾蒙受了惨重损失。普里斯库斯对于罗穆路斯的说法颇为忧虑，虽然短时间内匈人将注意力由罗马转向波斯固然对东罗马有利，但如果阿提拉真的征服了波斯，则东罗马帝国的亚洲部分将受到匈人的直接威胁，帝国很难再保持独立。罗马人正在谈话时，奥内格西乌斯走出来，他单独召见普里斯库斯，重申了匈人的谈判要求，希望东罗马帝国派出执政官等级的贵族参加谈判。后来，奥内格西乌斯又单独召见了马克西米努斯，告诉他阿提拉指定了三名罗马贵族，这些人都是之前参加过与匈人和谈的人。马克西米努斯与普里斯库斯在回营房的路上遇见了奥里斯特斯的父亲塔图鲁斯，塔图鲁斯告知他们，阿提拉邀请罗马使者们赴宴。

阿提拉的宴会可谓西方文学艺术作品中经常表现的主题，相关的描述基本上全部来自普里斯库斯的记载。宴会大厅位于王庭核心阿提拉宅邸区的栅栏内，大厅内两侧是匈人显贵与宾客的座椅，阿提拉的长椅位于中央靠后，正对着大厅入口，阿提拉的长椅旁另有一张无人坐的长椅，这张长椅的用处不详。再后面几步是高台，上面有一张床，床与前面的座椅之间有帘子隔开，可能阿提拉晚上就睡在这张床上。宴会上，阿提拉身边坐着匈人帝国中地位最高的人物，右边是奥内格西乌斯，左边是贝里库斯（Berichus），罗马人的座位紧

匈牙利著名画家莫尔·冉恩笔下的阿提拉的宴会
图画中表现的是蛮族歌手演唱阿提拉战功的场景，画面正中为阿提拉与幼子埃尔纳克，图中穿白长袍者为史学家普里斯库斯，普里斯库斯手持的书籍为希罗多德的《历史》。

挨着贝里库斯。阿提拉前面还坐着自己的两个儿子，他们对父亲诚惶诚恐。依据匈人习俗，入座前先饮酒一杯，当所有人入座后，阿提拉首先向贝里库斯祝酒，贝里库斯还礼，随后所有人，包括罗马使者们，一起向阿提拉祝酒，阿提拉亦还礼。祝酒仪式结束后，仆人们将餐桌搬进来，每三到四个人共用一张桌子，餐桌上用的金银餐具多为进攻罗马的战利品，颇为贵重。唯有阿提拉与众不同，他使用木盘进餐，食物也比较简单，而且阿提拉的穿着装饰也远不如其他人奢华。

第五章 阿提拉的外交和社会

宴饮过后，大厅里点燃很多火炬，两名蛮族歌手进来演唱，歌唱的内容是阿提拉的赫赫战功。这些歌曲让在场的蛮族们激动万分，一些老战士热泪盈眶，唏嘘不已，他们感叹自己已年华老去，无力再上战场建立功业。演唱之后是滑稽表演，其中最引人注目者为布雷达昔日的侏儒宠儿泽尔科。布雷达被杀后，阿提拉将泽尔科送给西罗马军队统帅埃提乌斯，后来埃提乌斯又将他送给东罗马军队统帅阿斯帕尔。但泽尔科思念草原上的妻子，还是想尽办法回到了匈人地域，并通过埃德科向阿提拉求情。阿提拉虽然拒绝将妻子还给他，但恩准他继续留在匈人王庭表演。宴会上，泽尔科用拉丁语、哥特语和匈语等各种语言插科打诨，引来阵阵笑声，但阿提拉始终不为所动，毫无笑容。只有当阿提拉的幼子埃尔纳克（Ernac）进入大厅时，阿提拉威严的脸上才显出和蔼的笑容。罗马人对于埃尔纳克所受的宠爱大惑不解，后来经过打听才得知：原来阿提拉非常迷信，对于萨满巫师的预言坚信不疑。据说有预言称，阿提拉死后其王朝会衰落，但埃尔纳克将重振阿提拉家族的荣光，因此阿提拉对这个儿子格外恩宠。整个宴会延续了整个晚上，长达九个小时，罗马人大多不胜酒力，很早便告辞了。

次日，罗马使者再次去见奥内格西乌斯，要求允许使团返回罗马。他们的请求被准许，奥内格西乌斯还写了一封信函给东罗马皇帝，由罗马使团中的商人鲁斯提奇乌斯执笔。这一天由阿提拉的王后赫勒卡招待罗马使者，席间他们见到了很多匈人显贵。第二天晚上又是一次宴会，过程大体跟前天的宴会一样，不过普里斯库斯注意到阿提拉右手边座上的不是奥内格西乌斯，而是阿提拉的叔叔奥埃巴西乌斯。席间，阿提拉与马克西米努斯交谈了很长时间，但谈话内容在罗马人看来无关紧要，主要是关于阿提拉的拉丁语秘书君士坦提乌斯（Constantius）的婚姻安排。

　　三天后罗马人带着匈人赠送的礼物启程返回君士坦丁堡。阿提拉另外派遣贝里库斯跟罗马人同行，以商讨和谈事宜并收取罗马帝国应该缴纳的黄金。罗马使团的归国之路也并不太平。他们经过一座村庄时发现匈人抓捕了一个"斯基泰人"，据说此人来自罗马帝国，在匈人地区刺探情报时遭匈人逮捕。根据阿提拉的命令，这类"间谍"将被钉刑处死。之后一天，使团又遇到两名被捕的奴隶，他们原本是匈人的战利品，现在因为杀死了匈人主人将被送上十字架。使团中罗马人与匈人的关系也变化无常：开始时贝里库斯尚能跟罗马人相处融洽，后来双方关系不知为何急转直下，贝里库斯将早先赠送给罗马人的马匹索回，而且拒绝跟罗马人一起行进和进餐。使团经长途跋涉终于进入罗马帝国境内,普里斯库斯的出使经历至此结束。

马克西米努斯与普里斯库斯的使团离开匈人国土后,在前往君士坦丁堡的途中曾在阿德里安堡停留。在这里,他们遇见了先期回国的翻译比吉拉斯,比吉拉斯偷偷携带着 50 磅黄金,准备按事先的约定将其带到匈人王庭交给埃德科,从而施展谋杀阿提拉计划。然而比吉拉斯根本不知道阴谋早已败露,他告别使团后带着儿子暗返匈人王庭,结果刚一抵达就被抓获。

阿提拉亲自审问比吉拉斯。比吉拉斯开始尚辩称自己携带巨款是为了购买食物和牲畜,此外他还受很多罗马人之托前来赎买被俘的亲人。阿提拉暴跳如雷,呵斥比吉拉斯不得狡辩,并宣称私买俘虏是被严令禁止的。随后,匈人以比吉拉斯之子的性命相威胁,比吉拉斯立即崩溃,和盘托出了整个阴谋。阿提

老年的狄奥多西二世头像

拉下令将比吉拉斯收押,并派出奥里斯特斯与埃斯拉带着比吉拉斯之子去君士坦丁堡,当面指责东罗马皇帝的背信弃义和懦弱。匈人使者还要求东罗马皇帝交出元凶克里萨菲乌斯,另外再交出50磅黄金作为比吉拉斯的赎身费。克里萨菲乌斯身为宦官又位高权重,自然在东罗马树敌颇多,其中最大的敌手是后来的东罗马皇帝伊苏里人芝诺(Zeno the Isaurian),时任东罗马帝国的军队司令。芝诺曾组织了447年守卫君士坦丁堡抗击匈人的战役,属于军队中的强硬派。他反对向阿提拉乞和,曾多次设法阻挠克里萨菲乌斯主导的和谈。现在芝诺自然不失时机表态,要求处死克里萨菲乌斯。

但克里萨菲乌斯毕竟神通广大,他派出另一个罗马使团,由阿提拉所指定的安纳托利乌斯与诺穆斯(Nomus)带队,外加一笔巨额贿款前去安抚阿提拉。使团于450年春出发,比吉拉斯之子亦携带着阿提拉要求的50磅黄金随团前往,想赎回自己父亲。此次使团的行程较短,因为阿提拉刚好在多瑙河平原南方。开始时,阿提拉对罗马使者的态度专横傲慢,但之后被罗马使者的能言善辩和丰厚礼物所打动,最终此次的罗马出使活动大获成功。阿提拉立下誓言:只要东罗马皇帝停止接受匈人逃亡者,就不再追究相关事宜。更重要的是,他还允诺放弃对整个多瑙河以南无人缓冲带的要求,甚至还

第五章 阿提拉的外交和社会

答应不再追究克里萨菲乌斯的暗杀罪行,比吉拉斯也被释放。阿提拉对罗马使者大为满意,宣布释放大部分罗马俘虏,无需任何赎金。罗马使者离开时,阿提拉还赠予他们骏马皮毛等贵重礼物。于是,东罗马帝国与匈人之间第三次达成和约,东罗马的北部边境终于恢复和平。

东罗马帝国与阿提拉之所以能顺利达成和解,并不是因为阿提拉大发慈悲,真正的原因是阿提拉早已开始酝酿进攻西罗马帝国的战役,他必须与东罗马帝国和平相处以稳定后方。对谋刺阿提拉行动的整个处理过程可能都是阿提拉的精心安排,为的是尽可能消除东罗马帝国的敌意,确保多瑙河边境的安宁。阿提拉此时出现在南方也并非偶然,他正在为西进攻势做准备工作。在讲述这场导致阿提拉失败乃至整个匈人帝国衰亡的大规模战争之前,让我们再简要审视一下阿提拉治下的匈人世界。

第三节　阿提拉治下的匈人世界

游牧生活的变化

阿提拉时代，匈人传统的游牧生活已经有了极大改变。欧洲的两大草原——南俄平原与多瑙河平原——与亚欧草原的其他部分有所不同，这里的土地异常肥沃，不仅可以放牧，亦是绝好的农耕用地，因此这两个平原长久以来便是农耕民族与游牧民族相互争夺之地。非游牧的日耳曼诸族能够占据此地长达两百多年，即便在匈人的主体西移入多瑙河平原之后，这里依然有大批臣服于匈人的日耳曼民族定居，这些日耳曼人主要是农耕者，兼营畜牧。由于受到环境和周边民族的影响，阿提拉时代的匈人早已不再是纯粹的游牧民族，他们大体上过着半游牧的生活：很多匈人有永久性的住宅，可能是简陋的村舍和木屋，匈人的贵族们则一般拥有高大的房屋。不过大多数匈人在每年特定季节里依然要迁徙放牧，逐

第五章 阿提拉的外交和社会

水草而居。匈人在迁徙时依然使用传统的帐篷和大车，渡河则使用木排与独木舟。这一时期，匈人的服饰也有了很大变化，欧洲人常用的亚麻等织物已经取代兽皮成为主要的衣物。

此时匈人的统治中心大约在多瑙河中游地区，臣服于匈人的欧洲诸族则定居在匈人的周边地带。匈人王庭的具体位置不详，大致能确定在今匈牙利平原，位于多瑙河、蒂萨河与喀尔巴阡山之间的某地。匈人有两个最重要的盟友，其中东哥特人的领地在匈人国土以西，格皮德人的领地在匈人国土以东。这两个日耳曼族群皆已形成了统一的强大王国，其内部的集权统治与社会组织程度可能还高于匈人帝国。在这些核心同盟民族的外围，是匈人的其他臣属民族，诸如阿拉曼尼人、勃艮第人、法兰克人、图林吉人与萨克森人等。所有这些民族的普通民众生产所得除了供养本族贵族之外，还有相当部分要缴纳给匈人，因此他们受到双重的剥削和压榨。其他更偏远地区的蛮族，如波罗的海沿岸和不列颠岛上的居民，俄罗斯草原北部森林地带的斯拉夫人族群与芬人族群等，只是名义上臣服于阿提拉。

除了这些臣服于匈人的蛮族部落之外，匈人还统治着一些非部落的臣民。这些人大多是来自文明世界的俘虏和奴隶，他们主要为匈人耕种土地和修建房屋，有的成为匈人的奴仆，甚至为匈人服兵役。

相对而言,游牧经济能够养活的人口远少于农耕经济。因此尽管匈人占据了广大的牧场,他们的数量跟周边日耳曼诸族相比依然比较少。人力的短缺大概一直困扰着匈人统治者,这也是阿提拉执意要罗马帝国归还匈人逃亡者的原因之一。

匈人对于异族非常蔑视,基本上将其视为奴仆。因此可以想象,非匈人诸族的民众对于这些寄生者也不免极为痛恨,因此当他们的首领或国王要求他们起来反抗时,他们大多会热烈响应。比如哥特人是匈人压榨的主要族群之一,后来匈人帝国瓦解时,哥特人成为击溃匈人势力的主力。

匈人跟其他游牧或定居的蛮族一样,生活用品并不能完全自给,需要从文明世界的定居民族那里获取某些必需品。特别是匈人的主体进入多瑙河平原,社会文化方面日益欧化之后,在生活用品和奢侈品方面更仰赖罗马帝国。普里斯库斯出使过程中所目睹的匈人显贵衣食无不以罗马产品为主,特别是葡萄酒、金银器和丝绸衣物等。除黄金之外,丝绸大概是罗马帝国给予匈人最常见的宝贵赏赐。但需要注意:这种丝绸并非来自中国的丝帛布匹,而是拆解后重新精纺的各类丝织物。目前存世最多的匈人日用品是各种镶宝石的金饰、青铜镬(烹锅)和铜镜。饰品的制作者是否为匈人已无法确知，但它们大多具有浓厚的传统草原艺术风格。匈人使用的镜制作粗糙，且在式样上与传统的斯基泰镜有很大区别，一般认为这种式样来自亚洲草原，受中国风格的影响。铜镜的制造技术源自中国，很早就被萨尔马特人带入欧洲草原。为了适应游牧生活的需要，草原上铜镜的式样亦有所变化。萨尔马特人的铜镜尺寸较小，带有一个末端开孔的手柄以便悬挂携带。匈人使用的铜镜与萨尔马特式铜镜基本上大同小异。

定居民族的各种产品之中，匈人所亟需的最重要物品无疑是各种武器，还有钢铁与牛角等制作军事装备的原料。由于欧洲草原上铁矿较少，游牧民族也不可能有规模较大的冶

匈人使用的铜鍑，制造于 5 世纪

铁工场,因此匈人的铁供应几乎全部仰赖罗马帝国和中西欧甚至北欧的蛮族。

正因为如此,匈人才会屡屡要求罗马帝国开边市,发展双方的贸易活动。从卢阿开始直至阿提拉诸子,匈人一直以武力胁迫东罗马帝国开放边境的城镇集市。早期的匈人是纯粹的马背民族,即便在与别人进行交易时也坐在马背上。到了阿提拉时代,匈人已较为文明开化,他们的交易方式大概跟其他欧洲民族无异。后来匈人衰微之际,东罗马帝国趁机关闭了边市,这对匈人的经济和军事实力可谓致命的打击。罗马帝国这种经济战模式由来已久,瓦伦斯皇帝就曾用如此手法对付哥特人。

匈人在初入欧洲时非常原始,进入欧洲之后受到更先进民族的影响,他们的服饰、饮食、礼仪等大多欧洲化了。希腊人和日耳曼诸族对匈人的影响最大,很多匈人贵族的名字都来自日耳曼语或希腊语,比如"阿提拉"这一名字,以及其兄布雷达、其父孟狄乌克和其叔卢阿等人的名字,大概都来自哥特词汇。不过对于匈人的日耳曼化程度,也不应过于高估。后世有关匈人的文献史料基本上直接或间接来自日耳曼人的叙述,上述日耳曼色彩的名字也可能仅是日耳曼人起的绰号。这些匈人或许自有其本族语言的名称,只是没有流传下来而已。

这一时期，匈人自身的文化习俗也有所变化。由于长期与相对先进的欧洲民族以及罗马帝国的文明世界接触，匈人的野蛮习气已有所消减。比如匈人过去有杀戮本族老人的习俗，此时这一习俗早已废止。臣服于匈人的欧洲

匈人贵族的黄金宝石马饰，制作于 4 世纪末

民族大多已皈依基督教，罗马帝国境内的教会亦派出众多传教士前往匈人地域传教，但这些传教活动的成果有限，皈依基督教的匈人一直寥寥无几。直至匈人灭亡，大部分匈人依然信仰传统的多神宗教，大概以萨满教为主。凡涉及重要事务，匈人往往会要求萨满举行占卜仪式，占卜的方法主要有检查牺牲的内脏或骨骼。古老斯基泰人的圣剑崇拜等信仰习俗依然留存于匈人之中，因此阿提拉才能借此提高自己的统治权威。对于基督教传教士，匈人一般也很尊重，视其为受某种神力庇护之人。与匈人同时进入欧洲的阿兰人在信仰方面与匈人类似，

不过他们活动的时间比匈人长得多,无论是留在南俄平原的阿兰人还是参与欧洲民族大迁徙的阿兰人,后来全部皈依了基督教,元代中国的阿速(阿兰)禁卫军就都是基督徒。

相对于文明世界,匈人社会中妇女的地位较高,享有较多的权利。如普里斯库斯所见,匈人妇女们虽不涉足军事和外交,但对于匈人的内部管理有很大的发言权和自主权。她们有时会代替自己的丈夫招待外国使者,赠送和接受礼物。有的妇女还独自拥有一定的领地和部众。

对黄金的极度贪婪

匈人刚进入欧洲时,欧洲人就注意到匈人"对黄金的极度贪婪"。匈人这种对黄金的渴求贯穿其整个历史,后来匈人的末代首领们在灭亡时依然不忘向罗马人索取黄金。在阿提拉王朝统治时期,匈人从文明世界索取的最重要物品即是黄金。

匈人获取黄金的方式主要有四种:其一为罗马的年金,其二为战争中掠夺的金币和金器,其三是俘虏的赎金,其四则是匈人雇佣兵的收入。这四种方式之中,第一种较容易评估。430年起,东罗马帝国付给匈王卢阿的年金为每年350磅黄金。五年后阿提拉与布雷达即位,年金加倍,为700磅

第五章 阿提拉的外交和社会

黄金。443年战争结束后，年金又增加两倍，达到2100磅黄金，同时东罗马还一次性支付拖欠的6000磅黄金。另外，目前尚不能确定西罗马帝国是否同样给予阿提拉年金。由于阿提拉名义上领有西罗马帝国的最高军事官职，他必定也会收取相应的薪酬，因此阿提拉定期获取西罗马帝国黄金的可能性极大，只是黄金的数量无法确知。如果两个罗马帝国都支付阿提拉黄金，则罗马贡金的数量将更为惊人。整个5世纪40年代，匈人从罗马帝国索取的黄金在13000磅以上。至于后三种方式所得的黄金，则无法做准确的估算。古代史料对于匈人抢劫的金币、金器以及收取赎金有零星的记载，俘虏的赎身费往往很可观，某些富裕贵族成员的赎金高达数百甚至数千金币。某些特殊情况下赎身费会达到惊人的天价，比如前文提到的罗马翻译比吉拉斯，他的赎金高达50磅黄金。其他还有一些不太重要的黄金来源，如藩属民族的贡赋、被围困城市私自缴纳的赎城金等。上述这几种手段获取的黄金，第一种自然全部归匈王所有，第二种大概主要归抢劫者所有，第四种也应该主要归匈人雇佣兵本人所有。值得注意的是第三种方式所得的黄金，有很大一部分不是归抓获俘虏的匈人，而是归"斯基泰王"，即匈王所有。这表明匈王力图控制尽可能多的黄金资源，然后通过主导黄金的再分配，保证在匈人

匈人贵族的黄金宝石手镯细部，制作于 5 世纪

帝国之内利出一孔，从而巩固自己在匈人社会中的最高统治权威。

由于匈人尚未像其他文明族群那样发展出完全超越部落的忠诚，因此要维系他们的效忠，黄金乃必不可少的要素。阿提拉之所以能够成功维持其统治，黄金扮演了至关重要的角色，这也是他对黄金欲求无度的主要原因。相反的例子是较早的匈人首领乌尔丁，尽管他强盛一时，但当罗马人以更高的价钱贿赂其麾下诸部落时，他的势力顷刻土崩瓦解。

关于缴纳给匈人的贡金对东罗马帝国的经济有多大的影

响，对此存在着很多争议。不过总体而言，以当时东罗马帝国的财政收入，即便是最后支付的每年 2000 多磅黄金，亦并非难以承受。据估算，当时东罗马帝国的平均年财政收入约为 27 万磅黄金，其中约 4.5 万磅是军费。因此给予匈人的黄金在帝国财政开支中所占的比例实际上很低。相对而言，农耕民族对草原游牧民族采取军事攻势，无论在人力还是财力上都代价高昂，而且胜负难料。纵观东罗马帝国的历史，当游牧民族分裂衰微时，对其发动进攻尚有获胜的可能；但如果游牧民族正值强盛统一，则发动进攻肯定得不偿失。因此

匈人贵族的黄金宝石手镯，制作于 4—5 世纪

综合而言，当强敌环伺之际，对阿提拉的蛮族帝国采取绥靖政策乃明智之举。不过帝国政府为了筹集贡金，多少会触及富裕元老阶层的利益。元老阶层一般享有免税特权，现在也成为帝国征税的对象。由于古代史家的立场大多与元老阶层保持一致，因此狄奥多西二世与克里萨菲乌斯的"投降政策"难免为当时与后世史家所诟病。狄奥多西性格安静，喜欢沉溺于神学思考，热衷于宗教事务，这种气质的君主在晚期古典时代剧烈动荡的背景下难以维持帝国的尊严。但客观上说，东罗马帝国确实通过谋求屈辱性的和平赢得了喘息和恢复的时机，因此后来当匈人的蛮族王国分崩离析时，东罗马帝国才有实力收拾残局，应对当时草原上的混乱局势。

另有一点需要强调，由于匈人在经济上严重依赖文明世界，因此尽管匈人通过各种方式从罗马帝国榨取了大量黄金，但这些黄金很快就通过商贸流回罗马帝国。普里斯库斯在出使的途中遇到不少罗马商人，他的使团中亦有罗马商人自愿随行。在匈人王庭，罗马商人更多，罗马的使者和匈人的罗马雇员等也往往兼做生意。匈人除了皮毛、马匹和俘虏，基本上没有其他可供交换的产品，只能以大量的黄金支付。因此对匈人而言，黄金永远是稀缺之物，他们对黄金的渴求自然不难理解。

第五章 阿提拉的外交和社会

政治与军事架构

阿提拉单独统治时期,他所控制的领土和族群确实可被称为"帝国",但这种统一帝国仅系于阿提拉一人,既未制度化,亦不具备延续性。阿提拉的父辈卢阿与奥克塔曾共享统治权,各自统辖领土和族群;阿提拉也曾与兄长共同统治;阿提拉死后,诸子平分了他的土地和部众,"就如同瓜分家产一样"。这种权力继承模式透露出两方面的信息:一方面,在匈人历史的最后阶段,早期匈人那种各部落独立自主的状态已不复存在。此时统治匈人的是超越部落的大君长,视麾下诸部落为自己及其子孙的私产,因此匈人的统治集团已具有了王朝色彩。另一方面,匈人社会尚未发展出较为成熟的帝国体制和相应制度,古老的传统和习俗依旧发挥着重要作用。如此背景下,匈人帝国的建立和维持有赖于军事强人统治者的个人能力。如果没有进一步的制度变革,那么这样的帝国自然难以稳固和持久。

普里斯库斯见到的阿提拉是个被神化的绝对统治者,所有的臣属都向阿提拉个人效忠,他的权威不受部落关系的限制。阿提拉不仅掌握着匈人帝国的政治军事权力和所有臣民的生杀大权,连重要的经济外交等事务也乾纲独断,他还亲自执掌案件审理。匈人社会大概从未出现过成文法，匈人帝国之内也没有专门负责司法的机构，因此举国司法的最后决定权皆操于阿提拉一人之手。据称阿提拉是个公正严明的法官，对臣民慷慨大度，对臣服于己的异族人亦很和气，但阿提拉无疑也仰仗恐怖手段维护其权威，他屡屡宣布无人能脱离自己的掌控，对于异己者务必赶尽杀绝。阿提拉不断与罗马帝国交涉，要求对方交出逃亡的匈人贵族，显然是为了维护自己的专制权威。

然而，阿提拉精力有限，不可能事无巨细皆加以关照，他身边有一个"贵族"（logades，希腊语意为"精选者"）圈子执行他的意志，负责整个帝国的运转，阿提拉也经常与他们商议军国大事。这里的"贵族"跟罗马的贵族不同，有几分像后来中世纪的领主贵族。他们的成员除匈人外，大多为日耳曼人，其中东哥特国王与格皮德国王地位最高。这些人多为军事首领兼部落酋长，有的甚至是本族的国王，掌握有大量的部众和相应的领土，他们的收入和财富主要仰赖自己的部众和领地。阿提拉发动战争时，这些贵族有义务从自己部众中征召军队，跟随君主出征，自然他们也能根据战功的大小分享战利品和赏赐。由于并无规范的管理制度，这些"贵族"的职责并不固定。他们时而管理自己的领地部众，时

第五章 阿提拉的外交和社会

而为阿提拉整顿部落和军备，时而作为外交使节出使他国。因此可以肯定，阿提拉的匈人帝国之内，尚无真正的官僚制度。不过，并非所有贵族都参与军政事务，很多匈人贵族仅仅是享有很高的社会地位和优厚的经济收入而已，例如普里斯库斯遇见的布雷达遗孀，还有阿提拉的叔叔奥埃巴西乌斯。实际上阿提拉的父亲孟狄乌克在世时大概也从不过问政务。

另外在政务和外交方面，阿提拉对于来自文明世界的下属也非常倚重，其中最重要者就是身边的拉丁语和希腊语秘书。这些秘书由于有机会接近蛮族世界与文明世界的权力核心，往往拥有巨大的权势和影响力。比如普里斯库斯所熟悉的奥里斯特斯后来就成为西罗马帝国的实际统治者。另一位重要的匈王秘书是君士坦提乌斯，此人是埃提乌斯推荐给阿提拉的，后来颇受阿提拉的倚重。为了提升君士坦提乌斯的身份和地位，阿提拉一直煞费苦心为他张罗一门显赫的婚事。此事成为匈人帝国与东罗马帝国间的重要外交事务，也是马克西米努斯与普里斯库斯使团的交涉使命之一，后来东罗马使者安纳托利乌斯、诺穆斯与阿提拉也专门商讨过此事。最终君士坦提乌斯如愿以偿，娶了一位在君士坦丁堡地位极高的东罗马贵族遗孀。

匈人最具特色且最重要的武器是反曲复合弓，这种复合弓以木材、动物筋腱和兽角制成，弓角长直，即后世所谓的蒙古弓或鞑靼弓。该弓型大约起源于中亚的伊朗游牧民族，罗马人最早从帕提亚人那里获得了这种弓的技术。但将这种弓型大量带入欧洲的却是匈人，故而这种弓在欧洲亦被称为匈人弓。匈人弓与斯基泰弓在性能上基本相当，不过匈人弓制造起来相对简单。弓对于匈人的重要性无须多言，匈人对弓的爱护和装饰亦可谓登峰造极，某些匈人贵族的弓通体包金或镀金，极尽奢华，如此习俗即便在崇尚弓箭的古代游牧民族中也是独一无二的。

另一种有匈人之名、但实际上与匈人无关的武器是匈人剑，即游牧骑兵使用的弯刀。由于匈人的巨大历史影响，后世往往以匈人泛指游牧民族。13世纪欧洲人与使用弯刀的突厥与蒙古诸族接触后，遂以匈人剑称呼这种独特的兵器。实际上刚进入欧洲时，匈人的铁器稀少，使用的剑基本都来自欧洲诸族或罗马帝国。这些剑的形制大同小异，皆为较长的直剑，由古代凯尔特人的长剑发展而来。

在匈人进入欧洲至阿提拉统治时期的70年间，匈人的军事技术和战术有了巨大的变化。早期的匈人是较原始的游牧民族，完全在马背上作战。他们头戴皮毛，身穿厚实的皮甲或皮衣，脚蹬软底皮靴，仅擅长马上作战，要步行作战非常

第五章　阿提拉的外交和社会

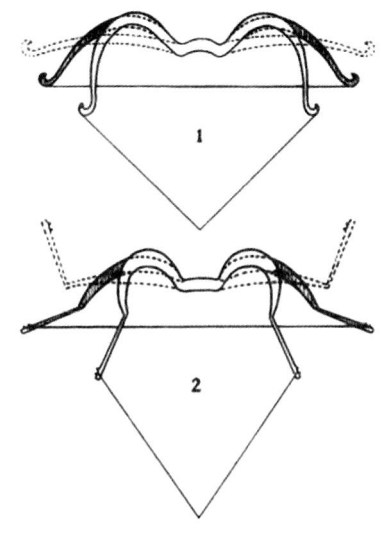

困难。早期匈人的装备也比较原始，除了反曲弓，长矛、铁剑和套索是主要武器。此时铁器对匈人而言是罕有之物，一般只用于制造剑和矛尖，箭头一般为骨制。早期的匈人战士基本不披甲，即便披甲也罕有铁甲。到了匈人帝国后期，匈人的军事装备基本上与欧洲的其他蛮族

斯基泰弓（1）与匈人弓（2）的对比
匈人弓的弓身相对较短，对弓材的要求较低，制作也相对简单。

无异，主要是模仿罗马帝国的军事装备。此时的匈人战士大多身披铁甲，头顶铁盔，手持长剑和长矛，足蹬加固的硬底皮靴。这种骑兵的装甲化在另一游牧民族阿兰人身上表现得更为突出，这一时期的阿兰人跟昔日的萨尔马特前辈一样，以重甲骑兵著称。据推测，匈人与阿兰人的盔甲与欧洲其他蛮族类似：头盔为铁页铆制，外加铁条与铁钉加固；甲胄形制是草原上最常见的弧形鳞片甲。匈人亦使用盾牌，盾牌的式样大概与日耳曼人的盾牌无异。自然有很多匈人的装备来

晚期罗马帝国时代日耳曼贵族的头盔，匈人使用的头盔大体与之相仿

第五章　阿提拉的外交和社会

自罗马帝国，部分是通过购买，部分是缴获的战利品，这些装备的品质要高于蛮族们自制的军备。比如匈人贵族在战场上可能大多身穿链甲，这种优良护甲草原上无法制造，只可能来自文明世界。此外，早期匈人所使用的马匹较为矮小，进入欧洲之后，匈人开始骑用更高大的罗马战马。跟其他蛮族战士相比，匈人的独特之处在于拥有机动性和骑射技能，不过匈人战士同样能下马步行作战。由于阿提拉作战时往往召集大批蛮族部队，这些蛮族军队以步兵为主，因此匈人大军的主力已不再是骑兵。但阿提拉的核心部队依然是纯粹的骑兵，这些骑射部队无疑是匈人制胜的关键。

匈人骑兵的作战方式与其他游牧民族无大异：首先是典型的斯基泰战术，利用机动性与敌人保持距离，以弓箭消耗敌人；或者佯装撤退，引诱敌人追击。当敌人出现混乱与崩溃迹象时发动迅速进攻，突袭敌人的薄弱地带，然后分割包围敌人。较之其他游牧民族，匈人的组织和协同性更胜一筹。匈人骑兵在战场上忽而迅速分散，忽而排列成密集的冲击队形，令敌人心惊胆寒，防不胜防。此外匈人类似于萨尔马特人，在近战方面也非常凶悍。匈人军队的这些特点给当时的欧洲人留下了深刻印象。

阿提拉时代的匈人大军中还有一支特别引人注目的部

队——工兵部队。不过这并非罗马帝国全盛时期那种精良高效的职业工兵，实际上这支部队的成员很难算作士兵，他们大多是来自罗马帝国境内的俘虏和奴隶，也有一部分是罗马军队中的逃兵。这些人的工程技术知识使得匈人具有了其他游牧民族所缺乏的攻城战能力。442年，匈人攻陷奈苏斯时首次使用大型攻城槌。之后的战争中，匈人对机械武器的使用越来越频繁，其中最显著的成就是452年攻陷意大利北部重镇阿奎莱亚。

由于多瑙河平原上蛮族林立，匈人并不能完全据有其地，加之多瑙河平原出产的马匹数量有限，故阿提拉时代的匈人战士已部分抛弃了昔日的纯粹骑兵战术。一般在战场上，匈人骑兵组成中军，构成核心打击力量，而大批日耳曼盟友的步兵则分布在两翼。不难设想，如此兵力配置之下，昔日匈人引以为傲的高机动长距离包抄和迂回战术皆难于施展，匈人骑兵所能倚重的只有迅猛的突袭和冲击战术。如此战术转变对匈人颇为不利：一方面，战术上讲，步兵如果组织完善、纪律严明，并有适当的武器装备，要击败骑兵的正面突袭和冲击并非难事。由于罗马军队和日耳曼诸族有着悠久的步战传统，而且在体能和数量上占有优势，如果纯粹进行步战或近距较量，那么匈人非日耳曼人的敌手。因此，在后来发生

第五章 阿提拉的外交和社会

的几场日耳曼人与匈人间的大战中,部分丧失了往昔机动能力的匈人军队皆蒙受惨败。另一方面,由于罗马帝国制造的兵器盔甲更为精良,很多匈人战士的装备来自罗马帝国,这也加深了匈人对罗马帝国的依赖,所以禁止向多瑙河北岸与莱茵河东岸出口武器和武器原料是罗马帝国对付匈人的重要贸易战手段。

概要言之,到了5世纪中期,匈人的社会与文化较之初入欧洲时已有了巨大的发展。不过此时的匈人社会远非自给自足的社会,匈人在经济、社会甚至军事上皆极度仰赖周边的蛮族和南方的罗马帝国。

如果我们放宽视野,深入考察普里斯库斯所目睹的匈人世界,会发现阿提拉所统治的匈人帝国是一个已发展至瓶颈,正处于关键转型阶段的游牧社会,这在古代游牧民族史中非常典型。此时整个游牧族群已大体处于一位强有力军事领袖的掌控之下,游牧帝国的霸权正如日中天。另一方面,随着财富和俘虏等的大量涌入,加上外部环境的影响等诸多因素,传统的游牧社会正处于急剧分化瓦解之中,各种矛盾和不满情绪暗潮汹涌。由于领袖的巨大威望和辉煌军事成就,潜在的危机往往暂时受到遏制;但当首领死亡之后,随之爆发的剧烈纷争会迅速摧毁游牧帝国。如果此时的游牧领袖具有远见卓识，能够顺势进行必要的调整变革和相应的人事与制度安排，那么游牧帝国有可能成功转型，顺利通过瓶颈，继续维持数代人的强盛。由已知的史料看，阿提拉显然并非此类具有前瞻眼光的杰出游牧领袖——他在世之时并未有过变革的愿望和尝试。

第六章

阿提拉的最后征战

阿提拉发动的两场入侵西罗马帝国的战役均遭到激烈的抵抗,这也成为匈人国运的转折点。西征战役之后匈人帝国已明显呈现颓势,但阿提拉此时大概正当盛年,凭借其在蛮族中的威望和势力,帝国要继续维持一段时间似乎问题不大。然而阿提拉的意外死亡突然终结了匈人在蛮族的优势地位,亦终结了匈人的帝国。两场战役在欧洲史、世界军事史中皆占据重要地位,但被后世严重扭曲和理想化。本章从最基本的历史事实入手,结合当时的政治军事背景,再现战役真实全过程。

第一节　战前交锋

东罗马帝国与阿提拉实现和平的这期间,西罗马帝国与匈人的历史较为模糊。439年为西罗马效力的匈人部队被西哥特人全歼后,似乎不再有新的匈人部队加入西罗马帝国军队。此时西罗马帝国业已分崩离析,最主要的财政收入来源阿非利加沦陷于汪达尔人之手,残存的领土上到处是蛮族王国和独立的蛮族部落,高卢与西班牙等相对富裕的省份又深受"巴高达"等各色反抗组织的袭扰。由于兵力有限,又没有匈人部队协助,最高军事统帅埃提乌斯的处境非常艰难。但埃提乌斯毕竟精明强干且足智多谋,他利用各蛮族间的矛盾和手中有限的兵力纵横捭阖,总算勉强维持住了西罗马帝国的表面权威。此间埃提乌斯与阿提拉之间还一直保持着友好关系,埃提乌斯甚至说服西罗马宫廷授予阿提拉"军队司令"的荣衔。

第六章 阿提拉的最后征战

然而到了5世纪40年代末,西罗马帝国与阿提拉之间的关系出现裂痕。阿提拉开始收容来自西罗马帝国的逃亡者,其中包括448年被埃提乌斯击败的"巴高达"暴动者首领尤多克西乌斯(Eudoxius)。449年,马克西米努斯与普里斯库斯出使过程中曾遇到一个西罗马使团,该使团的目的是要解决一场经济纠纷,因为阿提拉指责西罗马商人偷窃了原本属于自己的战利品。普里斯库斯没有记载此事如何收场,但西罗马帝国与阿提拉之间维持了16年的友谊显然已面临危机。450年初,阿提拉声称自己身为西罗马帝国的"军队司令"与"瓦伦提尼安皇帝之盟友",准备进攻西哥特人,同时阿提拉还要求废除西哥特王国与西罗马帝国之间于439年达成的和约。西哥特王国的地域位于高卢南部的西罗马帝国腹心地带,阿提拉此举目的无疑是要入侵西罗马帝国。

据说是北非的汪达尔国王盖萨里克建议阿提拉进攻西哥特人,因为汪达尔王国与西哥特王国当时正处于敌对状态。这起因于盖萨里克之子胡恩奈里克(Hunneric)的婚姻。5世纪40年代初期,西罗马帝国与汪达尔王国达成和约,汪达尔王子胡恩奈里克被送到西罗马宫廷做人质,并与西罗马皇帝瓦伦提尼安的长女尤多西娅(Eudocia)订婚。但尤多西娅尚幼,后来胡恩奈里克回到非洲,与西哥特王狄奥多里克之女结婚，这一婚姻显然让西罗马帝国大为不满。但婚后胡恩奈里克不知何故又遗弃了妻子，并指控她密谋毒害盖萨里克，将她酷刑虐待后赶回西哥特王国。这段离奇故事的背后主谋很可能是埃提乌斯，毕竟西罗马帝国多少可以挽回颜面，而且两大蛮族王国交恶最符合西罗马帝国的利益。

汪达尔国王的建议显然只是阿提拉的借口。阿提拉突然将注意力转向西方的真实原因是什么，目前已无从确知。东罗马帝国虽饱受摧残，但依然非常富裕，财力亦很雄厚，对阿提拉而言，与东罗马的贡金相比，劫掠所得并不算特别重要。不过阿提拉自有其焦虑：匈人帝国的战争机器固然很强大，但也很危险，稍有不慎就可能脱离掌控，反噬其身。想要凝聚和维持如此庞杂的蛮族大军，唯有依靠源源不断的战利品和更多的军事胜利。因此为了保住自身的统治，阿提拉必须寻求新的对外战争。此时东罗马的主要富庶之地，如埃及、叙利亚和小亚细亚等，皆遥不可及，能够直接劫掠的巴尔干地区已压榨殆尽，短时间内少有利用价值，因此将矛头指向西方似乎是最为明智的决定：至少从表面上看，西罗马帝国比东罗马帝国更衰弱，它实际上处于内部分裂状态，境内大量的蛮族王国、部落与反叛者都是阿提拉的潜在盟友，而西罗马帝国政府真正可用的兵力微不足道，因此西罗马帝

第六章 阿提拉的最后征战

国应该是个更容易征服的目标。另有一种原因是：阿提拉的目标十分简单，仅仅是想通过击败西哥特人提升自己的地位，取埃提乌斯而代之，像很多蛮族统帅一样操控西部帝国政权，成为西罗马帝国实质上的主人。由于西罗马帝国曾授予阿提拉"军队司令"的虚衔，至少在名义上阿提拉与埃提乌斯并列西部帝国的最高军事统帅，阿提拉如果以武力使自己的头衔名至实归倒也顺理成章。不过这种可能性似乎不大，因为同时有效统治西罗马帝国与北方草原帝国绝非易事，阿提拉事前也没有任何这方面的准备和安排。

就在此时，西罗马宫廷中的一次突发事件给了阿提拉一个发动战争的绝好借口。西罗马皇帝瓦伦提尼安的妹妹霍诺莉亚（Honoria）是个强势的女人，不仅想干预朝政，还跟宫廷管家尤金尼乌斯（Eugenius）通奸，事发后尤金尼乌斯被处死，霍诺莉亚也遭囚禁，并被强制与一名罗马元老订婚。霍诺莉亚采取出人意料的反击手段，她暗中派遣宦官海恩辛斯（Hyacinth）将自己的一枚戒指（另有说法称是一枚带有其肖像的胸针）送交阿提拉。此事很快败露，海恩辛斯回国后立即被捕，在拷打之下供出了全部实情。东罗马皇帝狄奥多西二世闻讯后致信西罗马皇帝瓦伦提尼安，建议立即将霍诺莉亚交给阿提拉，这样匈人就没有了要挟的借口。但西罗

西罗马帝国皇帝瓦伦提尼安三世雕像

马皇太后普拉西狄娅心疼女儿，极力反对该建议，最后霍诺莉亚被交给太后严加看管。于是，阿提拉有了更冠冕堂皇的行动借口。尽管阿提拉妻妾众多，但他还是立刻宣称自己是霍诺莉亚的夫君，有权拥有部分罗马领土。匈人使者被派往拉文纳的西罗马宫廷，要求西罗马皇帝交出霍诺莉亚，并以一半罗马领土作为嫁妆。瓦伦提尼安自然拒绝了匈人的要求。他声称，霍诺莉亚已经嫁人，不可能重婚，而且罗马的领土亦非霍诺莉亚的财产，不可能当作嫁妆私相授受。

450年7月，东罗马皇帝狄奥多西二世在打猎时坠马受伤，不久死去，结束了48年的漫长统治。此时东罗马帝国中的最有权势者无疑是阿斯帕尔，很多人希望他能够即位称帝。但阿斯帕尔考虑到自己的蛮族身份和阿里乌斯派信仰难以获得罗马人认同，宁愿退居幕后操纵政局。他扶植自己的老部下——狄奥多西二世的姐夫马尔西安（Marcian）继位。马尔西安生于色雷斯，年轻时家境贫寒，境遇坎坷，从军后在阿尔达布里乌斯与阿斯帕尔父子麾下服役近20年，在波斯和北非屡建战功，逐步升迁至元老贵族的高位。马尔西安为人精明强干，对外采取强硬政策，他即位后立即处死了与匈人和约的主要负责人克里萨菲乌斯，并宣布停止支付给匈人贡金。阿提拉派使者前往君士坦丁堡催缴贡金，马尔西安回答说，贡金必须停止支付，如果匈人保持和平，可以得到罗马皇帝的"赏赐"；如果匈人以武力威胁，罗马帝国将以武力应对。

东罗马皇帝的强硬傲慢态度无疑被阿提拉视为奇耻大辱。不过鉴于西征战役已箭在弦上，阿提拉暂时抑制了自

马尔西安皇帝金币
正面为马尔西安皇帝戎装胸像，背面为手持装饰十字架的胜利女神。正面文字为"统治者，尽职且睿智的奥古斯都"，背面文字为"为了奥古斯都的胜利"。

己的怒气，但他拒绝接见东罗马派出的使者阿波罗尼乌斯（Apollonius）。这一外交姿态实为对东罗马的严重战争威胁。可以设想，如果匈人的西进战争能够顺利结束，阿提拉的雷霆之怒会随即降临到马尔西安的东罗马帝国头上。以东罗马帝国当时的军事实力，在野战方面显然不是匈人的对手。不过以君士坦丁堡的高厚城墙，要阻挡匈人进攻并非难事。马尔西安出身军旅，对此自然知晓。马尔西安的计划应该是：巴尔干地区已经残破，对敌我双方皆无重要价值，反而会增加入侵者的后勤困难。因此如果匈人举兵入侵，东罗马将放弃多瑙河南岸，依托君士坦丁堡的城墙和海峡对岸亚洲地区的财富与蛮族大军打长期消耗战。实际上，之后千余年间，拜占庭帝国多次成功击退来自多瑙河地区的游牧民族进犯，仰仗的正是此种战略。

450年前后，还发生了一起影响欧洲历史的重要事件，即西欧强族法兰克人的王位更迭。利普里安法兰克人（Ripuarian Franks，意为"河畔法兰克人"）国王克罗狄昂（Clodion）以勇猛善战著称，但他对西罗马领土的进攻遭埃提乌斯挫败，因而与西罗马保持了一段时间的和平。克罗狄昂在位20年，去世后两个儿子为争夺王位爆发内战。长子向匈人求援，获得阿提拉的支持；幼子则受到东西两个罗马帝国的支持,还被埃提乌斯收为养子。这位受罗马帝国青睐的法兰克王于450年末前往君士坦丁堡宫廷,觐见东罗马皇帝,史学家普里斯库斯对这位金发及肩的青年印象深刻。由于有两个罗马帝国的支持,年轻的新任法兰克国王几乎获得了利普里安法兰克人的举族拥戴。这位法兰克王名叫墨洛维(Merovech),或称墨洛维乌斯(Meroveus),日耳曼语意为"显赫的战士",他就是日后强大的西欧墨洛温(Merovingian)王朝的始祖。法兰克王国的内部纷争无疑进一步加深了匈人帝国与罗马帝国间的敌对,但结果对阿

传奇君主墨洛维,后世银浮雕

提拉颇为不利。在之后西罗马帝国与匈人帝国间的较量中，双方军队中都有法兰克战士，只不过匈人一方的法兰克人数量很少。

另外还有两个双方军队中皆有的重要民族——阿兰人与勃艮第人。在过去半个多世纪中，这两个民族的一部分部落越过莱茵河进入西罗马帝国，在高卢和西班牙定居，他们的很多同族此时依然生活在莱茵河以东的境外。在此次战争中，这两族的境内部落皆加入罗马帝国一方，而境外部落则追随匈人国王阿提拉。

第二节 匈人的进攻

451年新年刚过，以匈人为首的庞大蛮族联军便离开位于潘诺尼亚地区的大本营，挥戈西向。匈人大军的具体规模已无法确知，据某些夸大的记述，阿提拉麾下有50万大军。当时的作家极力渲染入侵蛮族大军的可怕，将众多早已灭绝或者根本不存在的传说民族皆归入阿提拉大军名下。实际上，蛮族联军主要是一支匈人与日耳曼人组成的联军，其作战主力除匈人之外，还有格皮德人、东哥特人、赫鲁利人、阿兰人、斯基利人、勃艮第人、鲁吉人（Rugi）、图林吉人与法兰克人，这些民族除阿兰人外皆属日耳曼人。阿提拉的战争计划大体是：向西渡过莱茵河，降服利普里安法兰克人，利用其战士增强自己的军力，然后一路南下横扫高卢地区，摧毁西哥特王国。

在匈人大军进入西罗马帝国境内之前，阿提拉再次派使者前往拉文纳的西罗马宫廷，要求得到霍诺莉亚和帝国一半领土。这一要求再次被西罗马皇帝瓦伦提尼安拒绝。阿提拉耐住性子，又派了一名哥特贵族到拉文纳，向瓦伦提尼安转达自己的要求："请将宫殿准备好，朕即将前来居住。"此时西罗马帝国才发现，阿提拉的目标绝不仅仅是法兰克人和西哥特人，于是急忙采取行动与西哥特人联合抗敌。好在埃提乌斯很了解自己的老朋友，对此早有预料，已先期派人与西哥特王狄奥多里克谈判，希望两国军队协同作战，抵御匈人的入侵。但谈判遇到了两大阻碍：第一，双方在过去20年间屡屡交战，敌意很深，一时难以相互信任；第二，西哥特战士只想为保家卫国而战，罗马人则希望他们能走出高卢南部的国土，帮助罗马守卫整个高卢。未来的西罗马皇帝阿维图斯又一次予以埃提乌斯和瓦伦提尼安很大帮助，这位在高卢地区享有极高威望的罗马元老携带西罗马皇帝的亲笔信，前往西哥特首都图卢兹，终于说服国王狄奥多里克与西罗马军队共同行动。

不过此时出兵已经太晚了，阿提拉的蛮族大军早已展开攻势，相继攻陷几座重要城市，包括今美因兹与科隆，渡过莱茵河。随后匈人大军一路西进，在莱茵河下游的平原地带（今比利时一带）大肆劫掠，摧毁了当地的多座城市。迫于

第六章 阿提拉的最后征战

战局的压力，埃提乌斯也率领一支军队离开意大利，向北越过阿尔卑斯山进入高卢。埃提乌斯的军队数量极少，而且全部由辅助部队组成，没有一兵一卒的正规军团。另外，由于意大利地区正受到饥馑的威胁，这支军队减员严重。因此单就麾下军力而言，埃提乌斯完全不是阿提拉的对手。埃提乌斯做出了非常艰难——但无疑也非常明智的

（意大利）法布里奇奥·卡斯特洛，《抗击匈人的西哥特王狄奥多里克》（后世想象图），17世纪

决定：把军队留在南方等待西哥特军队动员完成，同时展开外交活动，争取尽可能多的蛮族盟友。埃提乌斯所能指望的是：罗马帝国传统的纵深防御体系能够大大迟滞和削弱阿提拉的入侵大军，当时机成熟时，自己将率罗马与蛮族联军予以阿提拉最后一击。

埃提乌斯寄予厚望的纵深防御战略是什么呢？

在罗马帝国鼎盛时期，罗马军队奉行精兵主义，实行的是以大规模报复能力为后盾的全面防御战略。战略的基本目的在于御敌于国门之外，以压倒性军事实力吓阻与遏制敌人，将战争尽可能限制在纯军事层面。3世纪开始，随着帝国走向衰落和分裂，罗马帝国的军事实力已不足以支撑这种全面防御战略。因此在3世纪中后期，罗马帝国的战略进行了一系列重大调整，最终在4世纪初君士坦丁在位时形成了完善的纵深防御战略和相应的战术体系。

在这个体系下，传统罗马军团的规模大大缩减，数量却大大增加，这类军团即所谓的边防部队。边防部队装备与训练较差，其主要职能不是野战，而是防守战略要地或城镇。另有一支新型的野战部队，数量较少，但较为精锐，骑兵所占的比例高，因而机动性很强。野战部队一般分几部分驻扎在后方，具体位置尽可能兼顾多处边境，以便战争爆发时能迅速开赴前线。合理分散配置的防御堡垒是纵深防御系统的最关键部分，为了配合纵深防御战略，罗马人在边境与交通线的重要位置修建了众多堡垒和要塞。

纵深防御战略之下，罗马军队的战争模式大体如下：当敌人入侵时，边防部队凭据堡垒要塞或设防城镇坚守待援，

第六章 阿提拉的最后征战

如果有机会则出兵袭扰敌人。在冷兵器时代，守城战可谓以微小代价换取敌人重大损失并争取时间的最有效战术。敌人如果沿途攻城拔寨，势必拖延数日，且要付出数倍甚至数十倍于守军的伤亡，事实上多数蛮族入侵者根本不具备攻城能力；敌人如果绕道而行，将这些堡垒及城镇留在身后，就不得不在沿途留下相当兵力，因为后方罗马驻军对敌人的交通补给和撤退路线会构成严重威胁，如此则入侵敌军的实力很快就会耗尽。当罗马野战部队抵达后，在边防军和堡垒的配合下击败敌人就容易得多，众多堡垒要塞与设防城镇的存在还会使敌人的撤退愈加困难。

罗马的这套战略和相应战术在整个 4 世纪基本上运转良好，特别是在东方，对于抵抗波斯帝国的入侵发挥了决定性作用。然而到了 5 世纪，罗马的纵深防御系统遭到了极大削弱，已处于崩溃的边缘。随着罗马的精锐之师在对外战争和内战中损失殆尽，罗马的野战部队几近枯竭。特别是在西罗马帝国，由于野战部队已无兵可用，只得大量抽调边防部队充数。结果使得很多地区的边境防御形同虚设，而仓促乌合而成的野战部队也战斗力低劣。东罗马帝国的经济财政状况相对较好，实力复原得比较快。但由于长期不间断的对内对外作战，而且对手是波斯帝国、匈人帝国以及汪达尔海上帝国之类的强大势力，东罗马帝国的军力使用仍一直处于最紧张状态，很多地方的防御系统早已经废弛。特别是多瑙河地区，由于从4世纪后期开始就战乱不已，一直没有足够的和平时间重建防御体系，因此阿提拉多次越过多瑙河洗劫巴尔干地区都没有遇到特别强有力的抵抗。

如果对比一下当时东罗马帝国的巴尔干地区和西罗马帝国的高卢地区，会发现在抵御外敌方面，高卢地区还是有相当优势的。其一，尽管高卢地区的罗马驻军微不足道，但该地区的大部分城市和城墙依然保持完好，可以作为纵深防御的依托。其二，数十年间有大量蛮族进入帝国境内，在高卢地区定居，这些蛮族提供了充足的人力，如果善加利用就是优秀的兵源，可弥补罗马军队的不足。其三，高卢地区还有西哥特王国这样强有力的蛮族王国，为了自身的生存会全力抗击阿提拉，因此西罗马在这里有强大忠实的盟友。其四，西罗马

罗马将军埃提乌斯（后世想象图）

第六章 阿提拉的最后征战

帝国有埃提乌斯这样足智多谋、精明强干、在蛮族世界和罗马军队中皆享有盛誉且具有巨大号召力的人物，使得反抗阿提拉的各个势力有了团结一致的领导核心。

关于埃提乌斯所率领的杂牌部队的构成，当时的作家同样说法各异，大体能确定有如下民族：勃艮第人、法兰克人、阿兰人、萨克森人、莱提人（Laeti）和阿莫里克人（Armoricans）。其中的法兰克人除了前文提到的利普里安法兰克人，还有萨利安法兰克人（Salian Franks，意为"盐地法兰克人"）。萨克森人进入高卢地区的时间不详，他们可能获得了罗马帝国的认可，定居在卢瓦尔河以北地区。莱提人即征召自莱提殖民地的蛮族军队，这里的莱提人大概主要来自高卢地区，他们是以阿兰人和萨尔马特人为主的混杂蛮族集团，构成了西罗马一方的骑兵主力。这里的"阿莫里克人"并非昔日恺撒征服高卢时代生活在阿莫里克，即今布列塔尼地区的古阿莫里克人，而是以高卢西南部沿海地区为基地四处劫掠的反抗组织。就在一年前的450年，他们被西罗马帝国的同盟者阿兰王高尔所击败，退守基地。据说经帝国元老阿维图斯的劝告，这群帝国统治者眼中的"匪徒"们才最终应允在此危急关头与罗马帝国捐弃前嫌，共同抗敌。

阿提拉的大军兵分两路，进军神速。西路大军沿着海

(法)乔治斯·罗什格罗斯,《匈人劫掠高卢的庄园》

岸地带南下,沿途攻城拔寨,相继攻占了今图尔内、康布雷、亚眠与博韦等城市。据说是因为楠泰尔地区一位少女吉纳维芙的努力,卢特提亚城(即今巴黎)成功抗击了这支蛮族大军的进攻,吉纳维芙因此被后世巴黎人尊为圣徒。阿提拉率领的中路大军首先攻占边防重镇奥古斯塔·特里维罗鲁姆(今特里尔),随后占领今科布伦茨,继而围攻梅斯。由于内奸打开城门,梅斯于4月7日陷落,被匈人摧毁。随后匈人又攻占了今兰斯。这之后阿提拉命令西路军放弃围攻巴黎,合两路大军之力南下,兵锋直指高卢中部最重要的枢纽城市奥尔良。

奥尔良人口众多,城墙高厚,对于游牧民族而言是极难

第六章 阿提拉的最后征战

攻克的堡垒。围攻奥尔良很可能会旷日持久，这对后勤能力薄弱的蛮族大军而言可谓灾难性后果。阿提拉之所以敢于走这步险棋，据说是因为驻防奥尔良的军队统帅桑吉班努斯（Sangibanus）已暗中与阿提拉联络，准备等匈人大军一到就倒向匈人一边。此时桑吉班努斯刚取代高尔成为高卢地区的阿兰人国王，他的部众被埃提乌斯安置在高卢中部，以对抗"巴高达"匪徒和阿莫里克人的袭扰。埃提乌斯和狄奥多里克王得知桑吉班努斯可能叛变的消息后，立即率军前往奥尔良，想阻止可能的背叛。不过他们还是晚了一步，蛮族大军已抢先抵达奥尔良，将这座城市重重包围。于是发生了晚期罗马帝国史上常见的现象，当军力不足或者军队消极抵抗时，教会就扮演了组织抵抗的角色。匈人连续五个星期借助攻城槌与抛石机等机械对奥尔良不断发动猛攻，并发射了无数箭矢，但始终未能突破奥尔良城墙，反而在奥尔良城下蒙受了惨重损失。奥尔良的主教埃格南（Aignan）在守城战中发挥了关键作用，他积极组织防御，用祈祷鼓励守军抗敌。由于埃格南的功绩，他后来被封为圣徒。

由于此前埃提乌斯已成功挫败了瓦朗斯（Valence）城阿兰人驻军的叛变企图，加之匈人遭遇重大挫折，桑吉班努斯一直犹豫不决，没有投向匈人一边，其麾下的阿兰军队也坚持守城。恰逢此时埃提乌斯与狄奥多里克率领的罗马与西哥特联军抵达，桑吉班努斯遂拿定主意，站在罗马人一边。6月14日激战正酣时，奥尔良守军向远处眺望，只见地平线上尘土飞扬，接着可隐约看到罗马人的鹰旗与西哥特人的锦旗，后面是大队人马渐渐逼近。奥尔良军民士气大振，欢声雷动，阿提拉闻讯后急忙放弃攻城，收聚部队向东北特里卡塞斯（今特鲁瓦）方向撤退。罗马、西哥特与阿兰人联军尾随阿提拉追击，于是在6月20日发生了著名的卡塔隆尼亚平原会战。

卡塔隆尼亚平原大约在今特鲁瓦城郊外7公里的地方，又称沙隆平原。阿提拉之所以选择这里作为战场，是因为此处地势宽广平坦，便于匈人施展骑兵战术。会战前一天，法

沙隆会战中的阿提拉

第六章 阿提拉的最后征战

兰克军成功发动了一次夜袭,击溃了匈人一方的格皮德后卫部队,使其损失了一万多人。这一失利对匈人的士气有很大影响,次日匈人联军以马车围成一圈"车城"加强防御,直至下午才走出"车城"应战。

阿提拉摆出蛮族惯用的阵型:中央为阿提拉本人所统率的匈人,左翼为法拉米尔王率领的东哥特人,右翼为阿尔达里克王率领的格皮德人。罗马联军的阵型为:桑吉班努斯率阿兰人为中军,左翼为埃提乌斯率领的罗马人,右翼为狄奥多里克率领的西哥特人。之所以将阿兰人配置在中央,据说是因为埃提乌斯对于桑吉班努斯的忠心依然有疑虑,让他们处于中央没有退路的境地能迫使他们背水一战。双方军队正在集结时,战斗已经在罗马联军的右侧打响,匈人本来占领了一处高地,但狄奥多里克之子托里斯蒙德(Thorismund)率西哥特军队发动强攻,将高地上的匈人击退。阿提拉眼看初期攻势受挫,便指挥麾下中军猛攻对方较为薄弱的阿兰人中军。据说阿提拉指着对面的阿兰人敌军鼓励部下称:"那里是速战速决的关键……当筋腱被砍断后,肢体就不再有力;当骨骼被取走后,身体就无法支撑。(你们要英勇作战,)人若命不该绝,则任何兵器概莫能伤;人若注定该死,则平常无事时亦会毙命。"匈人们听了阿提拉的话皆鼓起勇气,奋勇向前冲杀。

随后的战斗激烈而混乱，大约双方的两翼都向中央靠近。罗马一方的中军和左翼与对面的敌人交战，战况一直胶着。最为激烈的战斗发生在罗马联军的右翼，开始是东西哥特人之间的较量，混战中西哥特王狄奥多里克被敌人的投枪刺中，摔落马背后被践踏而死。但托里斯蒙德指挥西哥特战士奋力冲击，不仅打退东哥特人，还冲向对方的中军，差点将阿提拉本人杀死。阿提拉率残部避入"车城"，于是整场战役的大局已定，匈人一方的其他部队亦相继退出战场。此时天色渐暗，罗马军与西哥特军在战场上几乎完全各行其是，分别追击残敌。埃提乌斯担心再生变故，急忙派人联络托里斯蒙德，最终罗马联军停止了进攻，收兵回营。据说经此惨烈大战后，卡塔隆尼亚平原上尸横遍野，阵亡者总数超过16万人。

次日，西哥特人在战场上找到国王狄奥多里克的尸体，托里斯蒙德于是加冕成为新的西哥特王。西哥特人急于为老国王复仇，要求对"车城"中的匈人发动进攻，或者将匈人围困由饥饿来消灭他们。此时的阿提拉无疑已陷入绝境，他命令部下以马鞍堆成一个火葬堆，准备敌人一旦攻破"车城"就自焚。埃提乌斯也颇感为难，他现在有能力消灭阿提拉，但匈人势力覆灭之后西部帝国之内将可能出现西哥特人独大

第六章 阿提拉的最后征战

的局面，这样的结果也是罗马人不愿看到的。权衡再三之后，埃提乌斯决定放昔日的老朋友阿提拉一条生路。他劝告托里斯蒙德说，新哥特王的地位并不稳固，目前的明智之举是立即返回首都图卢兹，巩固自己的地位。托里斯蒙德听从了埃提乌斯的建议，率军撤离战场回国。事实上埃提乌斯的担忧也并非空穴来风，托里斯蒙德后来果然在王位争夺中被其弟狄奥多里克二世（Theodoric II）所杀。埃提乌斯又以同样方式劝说年轻的法兰克王墨洛维率部下启程返国。

就这样，阿提拉逃过了覆灭的命运。他在"车城"中又困守了几天，见敌军无意进攻，遂察觉到埃提乌斯的意图。于是，阿提拉拔营撤退，在罗马军队的监视之下率残部回到多瑙河北岸。是役对阿提拉的打击是巨大的，不仅损失惨重，而且赫赫有名的无敌神话就此破灭。

451年的匈人进攻是西欧历史上规模最大，同时亦是威胁性最大的一次游牧民族入侵，因此卡塔隆尼亚平原会战意义重大。传统的观点认为此战拯救了欧洲文明，使得西欧与南欧地区免遭野蛮人彻底征服。不过现在看来这种看法并无根据，因为没有证据显示阿提拉有征服西部帝国的打算，他此次入侵的主要目标大概仍旧是战利品和财富。因此就算阿提拉在军事上获胜，高卢地区也最多遭受巴尔干地区那样的洗劫和破坏，而不会沦为匈人帝国的地盘。就整个战争过程而言，卡塔隆尼亚平原会战并不具有太大的重要性。这只是一场"锦上添花"的战役，即便没有此战，罗马的战略目标也已经达成。客观上说，决定整场战争胜负的最关键因素仍是罗马帝国的纵深防御体系。西罗马帝国的防御系统虽然已很破败，但在当时特定的历史环境下，这套系统依托帝国时代遗留下来的防御工事和迁入西欧的蛮族人力资源，再加上教会的完善组织能力，依然发挥了应有的作用，最大限度地迟滞消耗了阿提拉的蛮族入侵大军。匈人帝国不具备真正文明国家那样的组织和后勤能力，没有专门的给养和辎重部队，士兵的粮食和衣物一般都由本人携带，进入敌境之后主要依靠掠夺来维持军队的供养。这样的军队在有效的纵深防御体系面前无疑难以维持其战斗力。以往匈人联军从匈牙利平原的大本营出发进攻巴尔干地区，其主力部队的行动距离一般不到500公里；而此番进攻高卢，至奥尔良城下的行军路线已超过1200公里。如此远距离的突袭势必给匈人极为原始的后勤补给能力带来无法承受的沉重负担。实际上当阿提拉撤离奥尔良时，他的军队已实力耗尽。由于沿途作战的人员损失，加之给养匮乏，军心涣散，入侵蛮族处于溃散瓦解的边缘。因此卡塔隆尼亚平原会战仅仅是罗马联军的一场追击遭

第六章 阿提拉的最后征战

遇战，这场战争的结局在此之前就已经确定了。

也有史家认为，整场战役中桑吉班努斯及其阿兰人部众暗中通敌和首鼠两端的事迹是哥特人史家约丹尼斯带有偏见的记载。当时高卢地区罗马作家的说法普遍跟约丹尼斯相反，他们大多赞赏阿兰人的英勇，谴责西哥特人的拖延。他们认为，桑吉班努斯与其麾下的阿兰人将士长期坚守奥尔良，顽强抵抗匈人的进攻；之后的卡塔隆尼亚平原会战中他们又正面迎击阿提拉率领的匈人主力，死战不退。因此整场战争中阿兰人的勇气及关键作用无可置疑。埃提乌斯之所以将桑吉班努斯及其阿兰人配置于中军，可能并不是因为顾虑他们的忠心，而是因为阿兰人拥有罗马联军一方最强大的骑兵部队，唯有他们能够抗衡阿提拉亲自统率的匈人精锐骑兵。

阿提拉回到匈人王庭之后休整了一段时间，随后开始筹划对东罗马帝国的报复。

第三节　入侵意大利

451年9月，一支匈人部队越过多瑙河劫掠伊里利库姆地区，但被东罗马军队击退。第二年夏，阿提拉又集结了一支大军，准备进攻东罗马帝国。据称匈人联军的规模与上一年入侵高卢的军队相当。但就在出兵前不久，阿提拉改变了主意，据说因为他"依旧对于在高卢出人意料的失败愤愤不已"。阿提拉掉转方向进攻西罗马帝国的心脏地带——意大利，他的理由依然是自己理应拥有霍诺莉亚和一半西罗马帝国领土。

匈人大军迅速进发，通过无人防守的尤利安山隘口，越过阿尔卑斯山进入意大利西北部平原。阿提拉首先面对的障碍是阿奎莱亚城，这座城市城墙坚固，传说从未被攻陷过。匈人用尽各种办法围攻阿奎莱亚，但毫无结果。据说阿提拉正准备退兵时，看到一群在城内屋顶上驻窝的白鹳带着幼鸟离开了，认为这是城市必将陷落的征兆，于是继续攻城。匈

第六章　阿提拉的最后征战

约丹尼斯《哥特史》的中世纪手稿
图中内容为阿提拉攻陷阿奎莱亚。坐在帐篷中者为阿提拉，左面为飞离城楼的白鹳。

人以大批投石机猛轰白鹳飞走之处，那里的城墙被打开一个大缺口，于是城市终于陷落。据称匈人在阿奎莱亚疯狂抢劫烧杀，将这座城市彻底夷为平地，以致后人连阿奎莱亚的具体位置都无法知晓。不过这种说法未必真实，因为有确凿史料证明阿奎莱亚后来又被重建，而且依然是意大利北部的重要城市和主教驻地。

攻占阿奎莱亚之后，匈人大军一路西进，沿途城市大多未予抵抗就开城投降，最后匈人攻占了梅迪奥兰努姆（今米兰），另一座投降的重要城市是提钦努姆（今帕维亚）。匈人劫掠毁灭了很多城市，比如维罗纳和著名史家李维的故乡帕塔维乌姆（今帕多瓦）。米兰与帕维亚等城市因为没有抵抗就

14世纪的手稿插图《阿提拉会见教皇》

开城投降,所以未被摧毁,但也不免遭到匈人的劫掠和杀戮。据说阿提拉在米兰的宫殿里看到一幅图画,画面上东西罗马帝国的两位皇帝坐在金座上,前面的地上躺着被杀死的斯基泰人。阿提拉大为不满,强令当地的画家修改这幅画,新画面上阿提拉正襟危坐,两位罗马皇帝卑躬屈膝将贡金奉献于阿提拉脚下。其他被攻占和劫掠的重要城市还有曼图亚、维金提亚、维罗纳、布莱斯齐亚和贝尔迦摩等。

然而,阿提拉的蛮族大军在蹂躏了北意大利平原后,并没有南下越过亚平宁山脉进攻罗马。实际上整场战役中,匈人的活动范围仅限于意大利北部,只有少量匈人军队曾越过波河袭扰埃米利亚省。当时匈人大军离西罗马帝国的实际都城拉文纳很近,但拉文纳城墙高厚,而且一面靠海,三面有沼泽环绕,没有制海权的阿提拉根本无力围困它。传说阿提拉本有进攻罗马的打算,但被部下劝阻。他们警告阿提拉:西哥特王阿拉里克曾洗劫罗马这座永恒之城,结果很快遭天谴而丧命。然而实际情况是：阿提拉遇到了比上一年更严重的后勤问题。当时意大利北部连年遭受饥荒的侵袭，还伴随着瘟疫流行，匈人的入侵更加重了这些灾难，匈人自身亦因此蒙受了惨重损失。阿提拉不敢冒险再损失本已很珍贵的匈人兵力。另一方面，这时多瑙河边境也发生变故，东罗马皇帝马尔西安趁着匈人主力西去的机会，对匈人本土发动了进攻。一支东罗马军队越过多瑙河，击败了留守的匈人军队，蹂躏了匈人的核心区域。巧合的是，这支东罗马帝国军队的统帅也名为埃提乌斯（Aetius）。关于这位东罗马的埃提乌斯究竟是何许人，历来有不同的说法。有人认为此人就是一年前打败阿提拉的著名西罗马统帅埃提乌斯，该年由于西罗马

（意大利）拉斐尔，《圣利奥会见阿提拉》

帝国处于困境，他接受东罗马的委托和资助，对匈人本土发动牵制性军事行动。这种说法也不无可能。不论如何，东罗马帝国的行动严重动摇了匈人帝国的根基，由于匈人无力保护其蛮族臣属，其他蛮族统帅和士兵们对阿提拉的忠诚和信心大为削弱。如此情势下阿提拉除了退兵已经没有其他选择。此外，高卢的老对手埃提乌斯始终是严重威胁，如果匈人孤军南进，后路可能会受到威胁。

然而埃提乌斯毕竟军力有限，宁愿通过谈判解决问题，于是罗马派出了一个谈判使团前来洽谈以期达成和解。罗马使团的主要成员有三位：教皇利奥（Leo）、前高级长官特里吉提乌斯（Trygetius）和450年度执政官金纳狄乌斯·阿维恩努斯（Gennadius Aviennus）。其中特里吉提乌斯是核心人物，此人富有外交谈判经验，曾主导了435年西罗马帝国与汪达尔王国的和谈。谈判很快取得进展，双方达成协议，阿

（意大利）阿尔加迪，《圣利奥会见阿提拉》，雕刻

第六章 阿提拉的最后征战

提拉和蛮族联军携带着战利品撤离。但阿提拉在退兵时还威胁称，罗马必须将他的"未婚妻"霍诺莉亚交出，否则他将再度进军意大利。综合而言，这场入侵意大利之役固然给西罗马帝国带来了巨大的损失，但对匈人而言亦是一场失败的战役。匈人及其同盟者由于瘟疫丧失了大量兵力，同盟者的不满情绪也开始高涨，阿提拉的帝国已摇摇欲坠。

根据传说，双方和谈时，基督的使徒圣彼得和圣保罗在空中显灵，使得阿提拉对教皇的神圣权威肃然起敬。这种迷信的说法固然没有根据，但由于拉斐尔和阿尔加迪的伟大艺术作品，这一故事还是声名远扬。罗马帝国为什么要派一位基督教首领去说服一位异教蛮族国王，这对现代人而言多少有些费解。不过在当时，派遣主教一类的高级基督教神职人员与异教蛮族首领谈判是很普遍的现象，因为罗马人意识到如此安排能增大谈判的成功率。对方即便不信仰基督，也往往把主教看作拥有某种神力或者受神灵庇护的人物。实际上匈人跟大多数游牧民族一样，对于各种宗教的神职人员一律比较尊敬，加之匈人的日耳曼同盟者大多信仰基督教，阿提拉对于主教一类人物并不陌生。因此罗马一方派出教皇主持和谈就成了顺理成章之事。

第四节　枭雄之死与匈人崩溃

452 年，当阿提拉最终回到匈牙利平原上的木屋宫殿后，匈人的内部局势稳定下来，但此时阿提拉的地位无疑已不如往昔。他的无敌神话已破灭，他的士兵在两年的征战中损失惨重，而且他连续几年没有获得东罗马帝国的黄金了，要继续保持部下的效忠已很困难。阿提拉立即派人给东罗马皇帝马尔西安送信，声称由于马尔西安拒绝支付之前狄奥多西二世皇帝承诺的贡金，自己将向东罗马帝国开战。但威胁并未奏效，马尔西安明确拒绝了阿提拉的要求。

第二年初，阿提拉在准备出征之前又娶了一个名叫伊尔迪科（Ildico）的女子。这个女孩大概是日耳曼公主，阿提拉可能想通过联姻笼络麾下的日耳曼诸族。因为日耳曼人是前两年征战的主力，他们在战争中损失了大量人力但所获有限，对匈人的统治已大为不满。至于那位罗马公主霍诺莉亚，此时恐怕早已被阿提拉抛诸脑后了。然而这场婚礼直接导致了阿提拉的死亡：婚礼当晚，阿提拉喝得烂醉，很晚才进入自己房间。次日天色大亮但阿提拉还闭门不出，侍从们在门外大声喊叫，却没有回应。最后侍从们只得破门而入，见阿提拉仰面躺在床上，早已死亡，新娘罩着面纱在一旁哭泣。死亡原因可能是，阿提拉的鼻子经常会流血不止，这次由于大醉仰卧，鼻血没有从鼻孔流出，反而倒灌入咽喉。阿提拉遂在醉乡中窒息而亡。

油画《阿提拉之死》

阿提拉的部下与族人为他举行了隆重葬礼，葬礼的过程充满传统的草原游牧彩色。匈人以丝绸搭建成一座天幕穹庐，将阿提拉的遗体放置其中。匈人战士和贵族分成数队，围绕穹庐策马飞驰，同时吟唱这位领袖的伟大业绩：

> 匈人之主，阿提拉王，孟狄乌克之子。
> 前所未有的伟大领袖，斯基泰与日耳曼诸王国之主。
> 他攻略城市，他使得两大罗马帝国惧怕战栗，
> 向他乞求，向他奉献年金，以苟全劫后的残余。
> 他是神之宠儿，他成就无数伟业，
> 他从未被敌人击败，从未被族人背叛。
> 在族人之中，他祥和幸福，无忧无虑。
> 既无人呼喊为他复仇，谁又能说这是死亡？

匈人们以"断发劙面"的方式，即剪下一缕头发并以刀割脸，以示悲哀。同时他们也举行疯狂的盛大丧葬宴饮，以缅怀辞世的领袖。此时匈人的其他臣属民族，特别是日耳曼诸族，早已皈依基督教，他们目睹这种喧嚣野蛮的葬礼，不禁大为惊讶。葬礼之后，匈人将阿提拉的遗体连同大量战利

第六章 阿提拉的最后征战

品和珍宝放入三重棺椁之中——外层为铁制，中层为银制，内层为金制。随后匈人暂时改变了一条河的河道，将阿提拉埋葬在河床之下，然后恢复河道。阿提拉的埋葬位置严加保密，据说挖墓的俘虏和奴隶事后全部被杀。另据传说，就在阿提拉死亡的当晚，东罗马皇帝马尔西安梦见阿提拉的弓被折断，于是他确知阿提拉已经死亡，但这个故事多半是当时编造出来的政治宣传。

应该说一说阿提拉在东部最大的军事对手阿斯帕尔的结局。在抗击匈人入侵方面，阿斯帕尔的业绩固然不能跟西部帝国的埃提乌斯相提并论；但若论操纵国内局势，阿斯帕尔则远比埃提乌斯成功。阿斯帕尔虽然拒绝了东罗马帝国的皇位，但他在阿提拉死后近 20 年间里实际上掌握着东罗

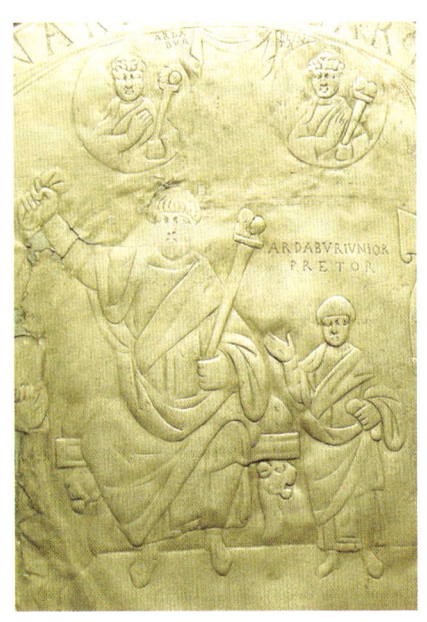

阿斯帕尔父子，纪念银盘，5 世纪
中间端坐者为阿斯帕尔，右边站立者为其长子阿尔达布里乌斯。

利奥一世皇帝金币

马帝国的军政大权。457 年，马尔西安死后，阿斯帕尔又把另一名部将利奥扶上君士坦丁堡的皇座，即前文提到的利奥一世。阿斯帕尔的家族势力达到巅峰时，其次子帕特里奇乌斯（Patricius）与利奥一世之女利安提娅（Leontia）订婚，有望成为皇储。阿斯帕尔最后的倒台跟埃提乌斯颇为相似：利奥一世最终不能再容忍阿斯帕尔的操控，遂联合另一实权人物伊苏里人芝诺，利用伊苏里人的势力抗衡阿斯帕尔所掌控的哥特人与阿兰人势力。471 年，据称阿斯帕尔之子阿尔达布里乌斯（Ardaburius，与祖父同名）阴谋推翻利奥一世，事发后阿斯帕尔及其大部分家族成员，还有众多部下遭到杀戮。利奥一世由此获得"屠夫"的绰号，日耳曼人和阿兰人将军掌控帝国军队的局面就此结束，东罗马帝国的历史开启了新的篇章。阿尔达布里乌斯的阴谋是否确有其事？如果是真的，

第六章 阿提拉的最后征战

阿斯帕尔本人是否参与其中？这些问题的答案现在已无从知晓。不过有一点确凿无疑，那就是：在整个罗马帝国历史上，阿斯帕尔是最为位高权重的游牧民族军事统帅。

阿提拉的死亡也终结了匈人帝国。由于阿提拉单独统治的时间不足十年，在如此短时间内根本不可能形成统一的习俗和传统。因此阿提拉死后，他的几个儿子按照草原上匈人的传统惯例，平分了阿提拉的领土和部众。随后发生的事情就是不可避免的结果：数月之后，阿提拉的诸继承人之间因为土地和民众开始了相互争吵，之后就兵戎相见。在阿提拉死亡之前，匈人的实力就因为两次西征而大大削弱，有赖于阿提拉的威望，匈人尚能勉强维持在蛮族世界中的霸权。现在阿提拉已死，匈人又陷入分裂和内战，那些强大的日耳曼民族遂认为自己无须再服从匈人的统治，便公开起来反抗匈人。首先是特斯河（今蒂萨河）流域的几个东哥特人部落反叛，之后格皮德人在国王阿尔达里克率领下举族反叛。阿尔达里克之前曾是阿提拉最重要的臣属之一，也是仅次于阿提拉的最强大蛮族领袖，他的反匈姿态增强了整个日耳曼族群赢得自由的决心。

454 年左右，在潘诺尼亚平原，格皮德人与匈人之间爆发了决定性的内达奥战役，该战役得名于萨瓦河的一条支流内达瓦河。格皮德人一方聚集了草原地带除东哥特人之外几乎所有的日耳曼民族，有格皮德人、斯基利人、鲁吉人、苏伊比人和赫鲁利人，拥有强大重骑兵部队的阿兰人亦加入日耳曼人一方。东哥特人可能此前已获得独立，与匈人休战言和，故而保持中立没有参战，但东罗马皇帝马尔西安可能予以日耳曼联军大量援助。是役日耳曼人大获全胜，据说匈人及其盟友有三万人被杀，阿提拉的长子艾拉克亦阵亡。

战后阿提拉的其余诸子率部众向东北越过喀尔巴阡山逃往黑海沿岸，匈人似乎全部离开了匈牙利平原。但肥沃的匈牙利平原对游牧民族的诱惑力难以抗拒，不久后匈人诸部又出现在特斯河流域，利用机动性优势向当地的东哥特人发动持续不断的攻击，力图驱逐东哥特人并夺占其土地。由于东哥特人没有参加内达奥战役，加之此时与格皮德人之间关系紧张，东哥特人只得独力应付匈人的入侵。东哥特王法拉米尔召集部众对入侵的匈人发动攻击，将匈人彻底击溃。法拉米尔摧毁匈人势力的显赫业绩影响深远，他也由此成为欧洲诸族心目中的伟大君主和传奇人物，而以法拉米尔为首的阿玛尔家族（Amals）亦成为哥特世界最为强大的王族世系。大约在击溃匈人之后，阿玛尔王族所部东哥特人与东罗马帝国建立起盟友关系，君士坦丁堡每年给予法拉米尔300磅黄金

(俄罗斯)卡尔·布留洛夫,《公元455年汪达尔人洗劫罗马》

的赏赐,较之昔日付给匈人的年金,这笔钱当然不值一提。

败给东哥特人之后,匈人的一支残部在阿提拉最宠爱的儿子埃尔纳克率领下越过多瑙河避入东罗马帝国境内,乞求东罗马皇帝保护。马尔西安皇帝答应收容这批匈人,将他们安置在特斯河与多瑙河交汇处以南的巴尔干地区。阿提拉的另两个儿子埃姆内泽尔(Emnedzur)与乌尔岑杜尔(Ultsindur)后来也率部众进入东罗马帝国避难,被安置在多瑙河下游的默西亚地区。这些匈人此后成为东罗马帝国的忠顺臣属,向东罗马帝国军队提供优秀的骑兵部队。除埃尔纳克等人的部众外，东罗马帝国还收容了其他规模不等的匈人队伍，将他们分别安置在多瑙河沿岸诸省。除匈人之外，大批日耳曼族群也迁入东罗马帝国境内。被安置的匈人并非都如埃尔纳克那般恭顺。在5世纪60年代，马尔西安皇帝的女婿，未来的西罗马皇帝安特米乌斯（Anthemius）就击败了一支匈人匪徒。这些匈人胆大妄为，居然趁萨尔迪卡城的居民不备将该城夺取，于是安特米乌斯率军围攻萨尔迪卡。战斗刚开始，罗马军队一方的骑兵就叛变投敌，不过安特米乌斯最后还是依靠步兵赢得了胜利。由此推测，是役罗马的骑兵应该主要由匈人组成。

就在阿提拉死亡的次年，阿提拉最大的对手埃提乌斯也死于非命。由于早年对狄奥多西皇室叛服无常，埃提乌斯一直没有得到西罗马宫廷的真正信任。在内忧外患迫在眉睫之际，西罗马宫廷自然不得不对埃提乌斯委以重任。等到内乱逐渐平息，最大的外敌匈人帝国又濒临崩溃，此时在军队和蛮族中享有崇高声望的埃提乌斯就不免让西罗马皇帝感到芒刺在背，欲除之而后快。

其实早在匈人帝国势力最盛时，埃提乌斯与西罗马皇帝瓦伦提尼安的关系已严重恶化。原来东罗马皇帝狄奥多西二世去世后，瓦伦提尼安突发奇想，认为自己身为狄奥多西皇族现存的唯一男性,有资格继承东罗马的帝位,从而成为两大罗马帝国的唯一统治者。如此不切实际的计划,当然被埃提乌斯所阻止,致使瓦伦提尼安对埃提乌斯恨之入骨。

为了改善与西罗马宫廷的关系,也为了加强自己的地位,埃提乌斯一直力图让其子高登提乌斯(Gaudentius,与祖父同名)与瓦伦提尼安之幼女普拉西狄娅(Placidia)结婚。此举更是引起瓦伦提尼安的猜忌,以为埃提乌斯想借此提升高登提乌斯的地位,最终把自己儿子扶上皇帝宝座。瓦伦提尼安遂与新近得宠的宦官赫拉克利乌斯(Heraclius)和最有权势的元老佩特罗尼乌斯·马克西姆斯(Petronius Maximus)密谋,计划除掉埃提乌斯。

454年10月,在拉文纳宫廷的财政会议上,埃提乌斯被瓦伦提尼安及其党羽所杀,随后皇帝一伙又合谋杀害了埃提乌斯的众多部下。瓦伦提尼安的"自毁长城"之举在当时罗马人看来就是"以左手砍掉右手"的愚蠢行为,致使皇帝完全丧失了人心。事后不到半年,瓦伦提尼安奸污了马克西姆斯的妻子,马克西姆斯决意报复,暗中联络埃提乌斯的旧部除掉皇帝。最终瓦伦提尼安和赫拉克利乌斯在公开场合被埃提乌斯的两名蛮族部下杀死,而皇帝的随从无一出手阻止这场杀戮。狄奥多西王朝就此终结,马克西姆斯继任为帝。总体而言，埃提乌斯虽然人品有瑕疵，但在政治军事上才能卓越，是最后一位"使周边的民族和国王们俯首听命"的西罗马将军，被后世尊为西部"最后的罗马人"。

瓦伦提尼安皇帝被杀后，西罗马帝国的政局更趋混乱。由于此前瓦伦提尼安已经将自己的女儿尤多西娅许配给北非的汪达尔国王盖萨里克之子，因此得知瓦伦提尼安被杀后，盖萨里克立即以此为由出动舰队进军罗马。455年，罗马第二次被蛮族攻陷，汪达尔人在罗马大掠两周后才撤退。之后不到20年间里，西罗马帝国换了八个皇帝。475年，在位仅一年的尤里乌斯·涅波斯（Julius Nepos）被军队司令奥里斯特斯推翻。这位奥里斯特斯正是前文屡次提到的阿提拉的那位高级秘书。阿提拉死后，奥里斯特斯回到西罗马帝国，利用自己在蛮族中建立起的各种关系巩固自己的地位，最终成为西罗马帝国最有权势的人。

不过奥里斯特斯自己没有称帝，而是将儿子罗穆路斯·小奥古斯都扶上皇帝宝座，自己在幕后操控政局。这位罗穆路斯·小奥古斯都便是西罗马帝国的末代皇帝，他在位时间也仅有一年。奥里斯特斯虽然利用诸蛮族的势力纵横捭阖，但他本人手中却没有强大的军队，因此当蛮族军队起来反抗时，他的统治便告终结。蛮族将士们要求将意大利三分

第六章 阿提拉的最后征战

之一的土地作为报酬赏赐，遭到奥里斯特斯拒绝，这使得奥里斯特斯与蛮族间的关系迅速恶化。蛮族统帅奥多瓦克是斯基利人，他利用斯基利人、赫鲁尔人和托尔西林吉人（Torcilingi）等蛮族士兵对奥里斯特斯的不满于 476 年 8 月掀起叛乱，奥里斯特斯被杀。随后奥多瓦克罢黜了罗穆路斯·小奥古斯都，将西罗马皇帝的徽章标志送往君士坦丁堡，自己则以国王的身份统治意大利。奥多瓦克是统治意大利的第一位蛮族国王，由于其西罗马帝国终结者的身份，而成为西方历史上最著名的人物之一。

罗穆路斯·小奥古斯都皇帝金币，其上为皇帝的形象

值得注意的是，这位奥多瓦克同样是跟匈人和阿提拉有着密切联系的人物，奥多瓦克的父亲正是前文多次提到的斯基利人首领埃德科，阿提拉麾下最重要的将领之一，也是 449 年赴君士坦丁堡的匈人使团首领和奥里斯特斯的上司。埃德科可算是阿提拉最忠心的部下，他所统辖的部分斯基利人代表了日耳曼族群中亲匈人的派别。埃德科不仅面对金钱的诱

奥多瓦克钱币，奥多瓦克形象有明显的蛮族特征

惑不为所动，当匈人的势力崩溃瓦解、阿提拉诸子众叛亲离四散奔逃之际，他依然矢志恢复匈人的霸业。

465年前后，已成为斯基利人之王的埃德科做了恢复匈人霸权的最后努力，与其子匈诺乌尔弗斯（Hunoulphus，古日耳曼语意为"匈人之狼"）等人集合了麾下部众，对匈牙利平原上的东哥特人发动袭击。由于担心东哥特势力的兴起会危及自身的独立，苏伊比人等日耳曼部落也加入埃德科一方。战争的双方都向君士坦丁堡求援，东罗马皇帝权衡再三，决定只予以埃德科少量援助。显然此时东罗马帝国不愿介入日耳曼人的内部争斗，但又担心阿玛尔王族会成为草原上的新霸主。战争的初始阶段对东哥特人颇为不利，那位以摧毁匈人势力著称的东哥特王法拉米尔遭斯基利人袭中身亡。但东哥特人毕竟实力雄厚，阿玛尔王族亦名君辈出。两年后法拉米尔的两个弟弟狄奥迪米尔（Theodimer）和维迪米尔（Vidimer）率部在潘诺尼亚的波利亚河畔击溃埃德科父子，埃德科本人可能也殁于是役。大约就在此次惨败之后，埃德科的另一个儿子奥多瓦克率领一些斯基利人退出匈牙利平原避入意大利，成为前文所述的西罗马帝国终结者；匈诺乌尔弗斯则率领少量部众南下投靠东罗马帝国，被安置在巴尔干地区。据说匈诺乌尔弗斯很快成为君士坦丁堡宫廷中的重要人物，奥多瓦克灭亡西罗马帝国之举能得到东罗马帝国的默许，匈诺乌尔弗斯功不可没。

斯基利人埃德科王族与东哥特人阿玛尔王族之间的争战还远未结束。那位击败埃德科和斯基利人的东哥特王狄奥迪米尔有一位才华出众的儿子狄奥多里克（Theodoric），此人后来成为阿玛尔王族世系中最杰出的君主。狄奥多里克早年曾作为人质在东罗马宫廷中长大并接受教育，471年，年仅17岁的狄奥多里克成为东哥特国王，此时其部众已迁入东罗马帝国，成为帝国的"同盟者"。

为了争夺领土，狄奥多里克的东哥特人与匈诺乌尔弗斯的斯基利人发生战争，匈诺乌尔弗斯战败被杀。另有一种说法称匈诺乌尔弗斯受到东罗马皇帝和东哥特人的打压，逃往意大利投奔兄弟奥多瓦克。无论如何，斯基利人和埃德科家族在东罗马帝国的势力已完全瓦解。后来狄奥多里克奉东罗马皇帝之命率部西进，讨伐统治意大利的"反叛者"奥多瓦

狄奥多里克大王金币正面及背面
正面为哥特服饰的狄奥多里克形象,背面中央为狄奥多里克的名字画押。

克。狄奥多里克于493年在拉文纳击败并杀死奥多瓦克,建立起强大繁荣的意大利东哥特王朝。至此,日耳曼族群中亲匈人的埃德科王族被反匈人的阿玛尔王族彻底消灭,匈人在欧洲诸族中的残余影响不复存在。狄奥多里克统治时期是古典意大利最后的黄金时代,其本人也因卓越的文治武功被后世尊为"狄奥多里克大王"(Theodoric the Great)。

第七章

逐渐消失的匈人

在欧洲历史上，匈人始终扮演着徘徊在文明世界边缘的劫掠者角色，匈人短暂而显赫的军事霸权，还有他们在文化习俗与种族面貌等方面与欧洲诸族的巨大差异，在欧洲人脑海中打下了深深的烙印。即便在匈人势力灰飞烟灭之后的千余年时间里，匈人和阿提拉仍是欧洲最持久的文化形象之一，他们如幽灵般萦绕在欧洲诸民族的心中，挥之不去，至今日现代世界亦不可忽视。随着时代的变迁和地域民族等方面的差异，匈人的形象也被赋予了不同的内涵。

第一节　最后的匈人

阿提拉最著名的儿子是邓直昔克（Dengizech），他复兴阿提拉霸业的努力可谓匈人帝国的最后篇章。匈人主体被东哥特人击溃后，邓直昔克大概跟其弟埃尔纳克一起被东罗马帝国安置在多瑙河中段的平原地带，与宿敌东哥特人隔河相望。之后一段时间，这些匈人实力有所恢复，遂不再服从东罗马帝国的权威。当东哥特人忙于进攻萨达吉人（Sadagi）并与埃德科的亲匈人日耳曼势力奋战之际，邓直昔克召集了依旧忠于阿提拉家族的几个部落，于463至466年间占据了河畔的巴西亚纳城，以此为基地对东哥特人发动袭击。邓直昔克麾下的部落名称为乌尔岑楚里（Ultzinzures）、安吉斯基利（Angisciri）、比图古勒（Bittugures）和巴尔多勒（Bardores）。从读音看，这些部落多是得名于创始领袖或英雄的匈人游牧部落，例外的只有安吉斯基利（意为"草原斯基利人"），可能是

第七章 逐渐消失的匈人

忠于匈人甚至已匈人化的日耳曼部落。东哥特人随即反击,邓直昔克的军队损失惨重。之后双方的战争又持续了一段时间,最终匈人败退,据称此后匈人不敢再与哥特人为敌。

这之后邓直昔克消失了一段时间,其具体踪迹不详,大约在多瑙河平原东北部与其他匈人残部汇合。468至469年间,多瑙河北岸的"阿提拉诸子"向君士坦丁堡派遣使者,希望双方能缔结和平条约,并要求罗马放开边市。东罗马皇帝利奥一世(Leo I)拒绝了匈人的要求。随后"阿提拉诸子"内部发生了争执,邓直昔克力主对东罗马开战,其他兄弟们反对,邓直昔克联络东罗马境内的埃尔纳克也遭回绝。于是邓直昔克单独行动,率自己的部众和一些依然追随匈人的东哥特部落越过多瑙河,向色雷斯地区发动袭击。邓直昔克的对手是色雷斯军区司令阿纳迦斯特(Anagast),此人正是447年被阿提拉击败杀死的罗马统帅阿尔内吉斯克鲁斯之子。阿纳迦斯特派使者前往邓直昔克处询问匈人有何要求,邓直昔克却轻蔑地将使者赶走,认为一个地方官员没有资格与自己谈判。随后邓直昔克直接派使者去君士坦丁堡,向利奥一世宣称,如果罗马人拒不交出土地和金钱,匈人将向罗马帝国宣战。利奥一世本来有意招募这些匈人加入罗马军队,现在只得作罢,遂命令阿纳迦斯特抗击匈人入侵。邓直昔克率匈人军队于冬季越过封冻的多瑙河，指望获得多瑙河南岸诸匈人族群的支持，但大部分东罗马境内的匈人部落依旧忠于东罗马皇帝，没有加入邓直昔克的行动。东罗马派出大军征讨邓直昔克，军队统帅除阿纳迦斯特外，还有奥斯特里伊斯（Ostryis）和皇后的兄弟巴西里斯库斯（Basiliscus），阿斯帕尔大概是此次军事行动的最高组织者。此时匈人的实力已远不如昔，东罗马帝国的军队却远较以往强大，结果邓直昔克被阿纳迦斯特击败杀死，他的首级被送往君士坦丁堡，钉在长杆上示众。

匈人最后一次袭扰东罗马帝国大约在十余年后，芝诺皇帝在位时多瑙河下游诸省遭到一股匈人的袭击，当地的罗马军队轻易击退了这些进攻。在此之后，匈人不再是一支独立的政治军事力量。不过此时依然有众多匈人部落与群体活动于多瑙河两岸，为日耳曼国王与罗马皇帝充任雇佣兵。比如在后来东罗马与哥特人的战争中，双方军队中皆有匈人部队，东罗马一方有位重要将领切尔恰尔（Chelchal）就是匈人，而且他对自己的匈人身份颇为自豪。此外西罗马帝国亦同样不乏匈人雇佣兵部队，比如西罗马皇帝马约里安（Majorian）就曾于457年招募匈人部队，准备用于高卢和阿非利加的征战。不过这些匈人在首领图尔狄拉（Tuldila）的煽动下发动兵变，给

第七章　逐渐消失的匈人

西罗马帝国带来很大困扰。与此同时，另一位著名罗马将领马塞里努斯（Marcellinus）计划率领一支匈人军队从达尔马提亚出发远征西西里，配合马约里安的行动。但掌控西罗马帝国实权的蛮族统帅里奇米尔（Ricimer）不希望马约里安获胜，他暗中贿赂这批匈人，致使马塞里努斯遭到遗弃，只得放弃了远征。马约里安收复阿非利加的征战计划也以失败告终。

历史上最后一位匈人领袖是6世纪初一个名叫孟多（Mundo）的人，据称是阿提拉的后裔。孟多早年曾经为著名哥特王狄奥多里克大王效力，狄奥多里克死后他加入东罗马军队，于530年成为伊里利库姆的军队司令。此时已是查士丁尼（Justinian）统治时期，据说在黑海北岸尚有两支匈人部落，即顿河以东的乌特利古尔人（Utrigurs）和顿河以西的库特利古尔人（Kutrigurs）。库特利古尔人跟乌尔丁时代的匈人一样，屡屡越过多瑙河袭扰东罗马帝国。558年至559年冬季，库特利古尔首领扎贝尔干（Zabergan）趁着多瑙河封冻之机突然渡河，率大军出现在君士坦丁堡城下，东罗马名将贝里萨留斯（Belisarius）将其击退。随后东罗马帝国利用金钱和外交手段挑动乌特利古尔人进攻库特利古尔人，战争的结果是两败俱伤，两个部落皆实力大减。不过这些匈人其实并非真正的匈人，他们大概属于突厥人，这两个族群后来被并称为保加尔人（Bulgars）。百年之后，由于受到东方哈扎尔人的侵袭，库特利古尔人的主体西进迁入多瑙河南岸，与当地斯拉夫诸部落联合，建立了保加利亚第一王国，是为保加利亚建国之始。

其实早在孟多之前很久，匈人作为一个狭义的民族，其历史已经结束了，现存普里斯库斯著作残篇的最后部分亦可看作匈人历史的终结篇章。据普里斯库斯记载，在5世纪60年代，即阿提拉死后十年左右，一批新的游牧民族自东方而来，占据了南俄平原上昔日匈人帝国的东部边疆，他们是萨拉古里人（Saraguri）、乌古里人（Uguri）和奥诺古里人（Onoguri）。由名称看，这些民族属乌拉尔语或阿尔泰语族群，可能大多为突厥人。曾臣服于匈人帝国的阿卡茨里人在阿提拉死后本来已重获独立，但很快又被这批新来者征服。这些欧洲草原的新霸主遣使来君士坦丁堡，希望能与东罗马帝国建立友好关系。这些征服者本身亦曾是东方草原角逐的失败者，他们是被萨比里人（Sabiri）击败后离开东方故乡的。而萨比里人的西进则是因为遭到另一支游牧族群阿瓦尔人（Avars）的压迫。这是阿瓦尔人这个日后雄踞欧洲草原的民族首次为文明世界所知悉。那么，又是谁推动了阿瓦尔人的西迁呢？普里斯库斯称是阿瓦尔人以东的"大洋岸边居

第七章　逐渐消失的匈人

民"。至于这些居民，则是不堪忍受格里芬（griffins，神话传说中鹰头狮身带翼的怪物）的侵袭而被迫离开原住地。普里斯库斯的记载既珍贵又怪诞，学者们至今依然为如何解读这段记载而争论不休，中国的学者们也一直为如何将这段记载与中国史籍的记载相对应而绞尽脑汁。

无论如何，普里斯库斯的记载描述了一幅欧亚大草原上剧烈变动的历史图景。就在阿提拉的草原帝国如日中天之际，新的一波游牧移民浪潮已经在遥远的东方发端，由于阿提拉不明智的军事行动和他的早亡，当这波西迁浪潮冲击欧洲草原时，分裂瓦解的匈人完全没有任何抵御之力，只得迅速退出了大草原的历史舞台。之后匈人在欧洲草原上完全被边缘化了，只能扮演零星的盗匪或雇佣兵角色。

第二节　历史余波与文化传说

　　匈人的野蛮入侵与残暴破坏给欧洲当地居民留下了深刻印象，这类记忆几代人之后还难以磨灭，成为影响政治军事的重要因素。比如参与451年匈人入侵高卢战争的图林吉人在进兵与退兵时皆经过法兰克人的区域，给法兰克人带来了深重的灾难。法兰克人对这些暴行念念不忘，后来法兰克人在克洛维统治下实力强盛，为此对图林吉人实施了残酷报复，妇女儿童皆不得免。在文化方面，由于匈人极端落后，总体而言他们对欧洲诸族没有太大的影响，但还是不可避免在欧洲某些民族的传统中留下了些许痕迹。比如匈人的葬礼虽然让日耳曼人震惊和反感，但很多日耳曼族群还是部分吸纳了匈人的葬仪元素。英国与丹麦的著名史诗《贝奥伍尔夫》结尾处，北欧勇士们为英雄贝奥伍尔夫举行的隆重葬礼就跟阿提拉的葬礼颇为相似。

第七章 逐渐消失的匈人

在匈人作为一个民族灭绝之后很久，"匈人"一词还在继续使用，用以指代不同的族群。5世纪后期开始，"匈人"的内涵开始与"斯基泰人"相重叠，泛指草原上的游牧民族。其后"匈人"一词的使用范围进一步扩大，某些生活在草原边缘的非游牧蛮族也被划入匈人之列。比如对于称霸中亚草

（法）阿方斯·德·纽维尔，《野蛮凶残的匈人骑兵》，19世纪

原的埃弗塔里特人，普里斯库斯就称其为"白匈人"。在6世纪的著名拜占庭史家普罗科皮乌斯（Procopius）笔下，"匈人"、"斯基泰人"、"马萨革泰人"与"游牧民族"这四个词基本可以混用。普罗科皮乌斯还特别澄清，"马萨革泰人"一类词汇是古称，现在一般通称为"匈人"。在某些特定段落，多瑙河地区非游牧的斯拉夫蛮族也被称为"匈人"。跟"斯基泰"一样，"匈"一词不仅表示某些民族，也表示那种逐水草而居的游牧生活方式。

文学与传说

匈人和阿提拉在欧洲民间传说中具有强韧的生命力。因为匈人留下的恐怖回忆经久不灭,他们的形象遂不可避免融入各民族的传说之中,成为最经典的文化因素之一。

由于阿提拉的死亡方式颇为离奇,后世很多有关阿提拉的传说都与此有关。阿提拉死后不到一个世纪,东罗马著名史家马塞里努斯伯爵(这里的"伯爵"职位约为军区司令)记载道:"阿提拉,匈人之王,欧洲诸省的劫掠者,被他的妻子亲手以刀穿刺而死。"马塞里努斯伯爵不失为一位严谨的史家,既然此类说法已进入他的史著,那么我们不难想象,在欧洲甚至欧洲之外的地方,早已到处流传着有关阿提拉死于阴谋的传说。传说的主题涉及战争、死亡和复仇。这类民间传说经过长期发展,又加入了众多其他元素,例如神话、冒险、爱情和背叛等,成为非常成熟的民间文学,对后世欧洲文化有着深远的影响。其中最重要的传奇故事流传于日耳曼与北欧诸族,围绕尼伯龙根这一主题展开。尼伯龙根或尼弗龙最初指传说中曾生活在莱茵河地区的侏儒种族,后来泛指勃艮第人。北欧民族与日耳曼民族基本上同文同种,在文化上相互渗透,因此这类传说往往包含有相同的故事与主题。

第七章 逐渐消失的匈人

尼伯龙根或尼弗龙这个主题之所以能攫获欧洲民族的心灵，是因为它有着跟特洛伊战争类似的宏大历史背景，其历史原型为437年匈人毁灭勃艮第王国。

大约在匈人帝国灭亡后不久，有关勃艮第王国历史的尼伯龙根传说就出现在高卢一带。早期传说的内容比较简单，主要是围绕勃艮第王国的毁灭和阿提拉的神秘死亡。大致内容是：勃艮第国王及其弟在抵抗匈人进攻时被杀，勃艮第王的妹妹矢志复仇，潜入匈人地区设法成为阿提拉的王后。故事的结果有不同的版本，有的说复仇成功，阿提拉终于死于妇人之手；也有的说复仇未能成功，这位勃艮第公主事败身死。总而言之，在这些尼伯龙根传说中，阿提拉的形象基本是个黑暗凶残的蛮族统治者。不过高卢版本的尼伯龙根传说仅有极少片段流传下来，具体的内容已不得而知。好在北欧的史诗集《埃达》与《萨迦》中有不少相关的故事，高卢版故事的基本框架应该与这些北欧传说大同小异。

在北欧的古老英雄诗歌《埃达》中，与尼弗龙有关的英雄诗篇数量最多，篇幅也最长，很多内容都涉及匈人和阿提拉。其中最主要的有两篇：《阿特里诗篇》和《格陵兰阿特里诗篇》。阿特里，即阿提拉在北欧传奇中的名称。

《阿特里诗篇》的内容相对简单：匈王阿特里垂涎尼弗龙

的财宝，便邀请据有财宝的尼弗龙国王贡纳尔及其弟霍格尼等人前来自己的宫廷赴宴，计划要挟他们交出财宝。阿特里的王后、贡纳尔的妹妹古特琳试图暗中提醒自己的兄弟，但未能成功。贡纳尔兄弟离开沃尔姆斯前往匈人之地，结果落入匈人陷阱，力战被俘。但贡纳尔兄弟机智地以自己生命为代价，挫败了阿特里的企图。之后古特琳为兄弟复仇，首先杀死自己和阿特里的两个儿子，随后诱使阿特里吃下自己孩子的肉，最后手刃阿特里。在诗篇的最后，古特琳解放了阿特里的所有奴仆，纵火焚毁了阿特里的王者大厅。

这个故事中贡纳尔的原型即被匈人战败杀死的勃艮第王贡德哈尔，诗中阿特里对于金钱财富的渴望跟历史上的阿提拉颇为吻合，尼弗龙财宝的藏匿方式也跟阿提拉及其随葬珍宝的埋葬方式类似。因此《阿特里诗篇》是一篇传说与历史交织的作品。整个故事具有典型的北欧史诗风格，阿提拉的形象颇具代表性，是个贪婪凶暴的北欧强王，诗中的王者大厅也是标准的北欧史诗场景。需要特别强调一点，在现代人眼里，该故事中的阿特里无疑是个反面角色。但古代北欧人的伦理道德观与现代人不同，在他们心目中，阿特里类似于《伊利亚特》中的阿伽门农，贪婪的缺点并不掩盖其勇武君王的本色。诗篇中古特琳报复的情节令人震惊，这一故事的基

第七章 逐渐消失的匈人

本框架大概来自古希腊神话和悲剧中有关美狄亚的传说。

《格陵兰阿特里诗篇》的基本故事框架与《阿特里诗篇》相同，不过具体内容较为丰富。最后古特琳依靠霍格尼之子尼弗龙格尔的帮助杀死了阿特里。诗歌的结尾部分是垂死的阿特里与古特琳之间的对话，古特琳追忆昔日与诸兄弟及前夫西古尔特尔四处征战的荣光；阿特里则回顾两人的婚姻，尽管自己拥有无尽的财富，妻子仍不满足。最后阿特里请求妻子给自己安排一个体面的英雄葬礼，古特琳答应了丈夫的请求，之后古特琳试图自杀，但以失败告终，因为大海河流等皆不愿接纳她，整个诗篇就这样在浓厚的悲剧气氛中结束。

《格陵兰阿特里诗篇》中阿特里的形象更具英雄色彩，特别是阿特里临终前与妻子的对话，充分展示了一位勇武豁达的王者形象。阿特里渴求财富的目的也并非出于自己的贪婪，相对而言这可能更加贴近历史上的阿提拉形象。

与《埃达》相比，《萨迦》是更为成熟的文学作品。《萨迦》中与尼弗龙有关的故事主要集中于《沃尔松萨迦》。就题材的宏伟和结构的复杂完整而言，《沃尔松萨迦》远胜过前面介绍的两篇，匈人和阿提拉在其中的地位虽不算十分重要，但也必不可少。《格陵兰阿特里诗篇》末尾古特琳所追忆的内容，则成为《沃尔松格萨迦》的主体。

《沃尔松萨迦》可谓背景最为宏大的史诗，故事开端于世界的毁灭与新生。在第九个世界（即人类的世界）被创造之后，有预言称众神将在末日决战中遭到黑暗魔众的进攻，众神唯一的胜算是让一位出身凡人的勇士加入自己一方。此人将成为"斩蛇勇士"，在决战中打败环绕世界的巨蛇，从而扭转战局。为了制造出"斩蛇勇士"和其他能参加末日决战的英雄，神王奥丁在人间生下很多子女，这些子女及其后裔成为众多著名的英雄家族。伟大的英雄死后，他们的灵魂会被奥丁的侍从女武神带到英烈圣殿，与众神一起为末日决战做准备。最著名的英雄家族即沃尔松家族，"沃尔松之传奇"就此展开。

沃尔松家族英雄辈出。奥丁的孙子莱里尔是海上霸主，其子沃尔松娶了一位女武神，生下著名的英雄西格蒙德。西格蒙德与其子辛弗约特里四方征战，威名远扬，两人死后皆进入英烈圣殿，而西格蒙德的遗腹子西古尔德（即西古尔特尔）将成为最伟大的英雄和"斩蛇勇士"。年轻的西古尔德经历了无数战争和冒险，他杀死了巨龙法弗尼尔，夺取了侏儒安德瓦利的巨量黄金；他还与女武神布吕恩希尔德相爱定情。后来西古尔德来到尼弗龙王国，帮助国王贡纳尔打败了匈人的进犯。但西古尔德被王太后格琳希尔德的魔法所魅惑，忘记了布吕恩希尔德，与国王贡纳尔的妹妹古德伦（即古特琳）公主结婚。之后西古尔德又设法帮助贡纳尔强娶了布吕恩希尔德。被西古尔德抛弃和羞辱的布吕恩希尔德决意报复，胁迫贡纳尔杀掉西古尔德，贡纳尔不得已只好与弟弟霍格尼着手策划暗杀行动。西古尔德最终回忆起与布吕恩希尔德的往事，但为时已晚，不久便死于暗杀，安德瓦利的黄金遂落入贡纳尔之手。在西古尔德的葬礼上，布吕恩希尔德在西古尔德身边自刎而死。当葬礼的火焰升起，两人携手进入英烈圣殿，众神终于接纳了"斩蛇勇士"。

西古尔德死后，尼弗龙王国无力抵抗匈人的进攻，格琳希尔德太后遂强迫悲痛欲绝的古德伦嫁给了布吕恩希尔德的

（挪威）彼得·尼克莱·阿尔伯，《吉楚尔王挑战匈人军队》，取材于《赫瓦拉尔萨迦》，19世纪

兄弟——匈王阿特里。之后的故事发展大致跟《埃达》类似：阿特里为了得到尼弗龙的财宝，即安德瓦利的黄金，将贡纳尔与霍格尼擒获并杀死，古德伦最后又杀死了阿特里。沃尔松家族的传奇故事就这样在悲剧中落幕。

较之《埃达》，《沃尔松萨迦》更具有古典史诗风格，它讲述了众多男女英雄与众神和命运抗争，最终失败的故事，具有浓厚的悲剧色彩。《沃尔松萨迦》中的人物，包括贡纳尔、霍格尼与阿特里（阿提拉）等，皆为勇毅的英雄。阿特里不仅是英雄，亦是位威名远扬的强大君主。

除《沃尔松萨迦》之外，尚有不少其他《萨迦》作品提到匈人。比如著名的《赫瓦拉尔萨迦》提到4世纪末哥德兰岛的著名国王吉楚尔曾帮助同族哥特人抗击匈人的进犯。

不过，若论欧洲文化传统中与勃艮第王国及匈人有关的最著名作品，则首推德意志民族的史诗《尼伯龙根之歌》。据说《尼伯龙根之歌》的古本出现于8世纪末9世纪初，其部分内容折射了当时法兰克国王查理曼（Charlemagne）攻灭盘踞多瑙河平原的阿瓦尔汗国这段历史。现存的《尼伯龙根之歌》是12世纪末著名的德意志皇帝"红胡子"腓特烈一世（Frederick I）统治时期根据德意志各地的相关传说编订完成的。《尼伯龙根之歌》的基本故事框架与《沃尔松萨迦》相似，不过在两个重要方面与《沃尔松萨迦》有着重大差别：其一，不再有宏大的神话背景和众神。传说中有不少神话情节，但此时整个德意志民族皆已皈依基督教，这些内容不免会在编订过程中被删除。其二，故事情节更贴近史实，比如《尼伯龙根之歌》中尼伯龙根人前往匈人王庭的路线大致与实际路线吻合。由于德意志诸族的祖先大多在匈人历史上扮演了重要角色，因此他们在传说中所保留的匈人历史信息远多于北欧诸族，可谓顺理成章之事。

《尼伯龙根之歌》内容的主线是尼伯龙根人（勃艮第人）的毁灭。克桑腾（今德国西部及荷兰比利时一带）王子齐格菲（即西古尔德）是伟大的英雄，他杀死了守卫尼伯龙根宝藏的巨龙，据有了尼伯龙根宝藏。后来齐格菲娶勃艮第的公主克琳希尔德（即格琳希尔德），又利用欺诈手段帮助克琳希尔德之兄贡特尔（即贡纳尔）国王强娶了冰岛女王布伦希尔德（即布吕恩希尔德）。布伦希尔德发现真相后决意报复，迫使贡特尔及其家臣哈根（即霍格尼）设计杀死了齐格菲并夺取了尼伯龙根宝藏。为了报杀夫之仇，克琳希尔德远嫁匈王埃策尔（即阿提拉）。后来克琳希尔德利用贡特尔前来匈人王庭的机会挑唆勃艮第人与匈人之间的争斗，最终勃艮第人被全歼，为匈人效力的哥特王狄特里希击败俘虏了贡特尔和哈根。克琳希尔德逼迫贡特尔和哈根交出尼伯龙根宝藏无果,两人皆被杀。哥特勇士希尔德布兰德不能容忍众多英雄死于妇人之手,遂拔剑杀死了克琳希尔德。诗歌的最后,悲伤的埃策尔与狄特里希等人为所有逝者举行了隆重葬礼。

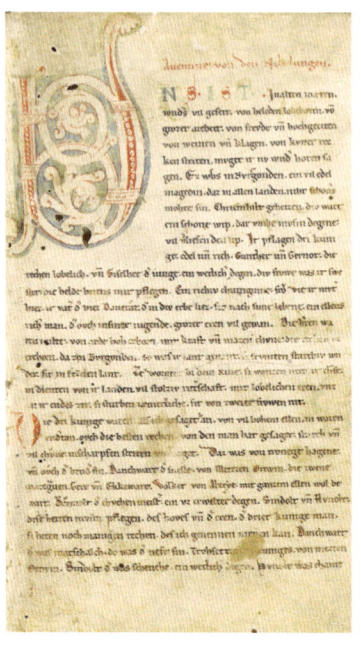

现存最古老的《尼伯龙根之歌》手稿,约1230年

《尼伯龙根之歌》神话色彩较少,题材亦不如《沃尔松萨迦》宏大,但更接近历史。如果说《沃尔松萨迦》讲述的是"神的故事",那么《尼伯龙根之歌》讲述的就是"人的故事"。《尼伯龙根之歌》可算是现存主题最为阴暗的史诗,它探讨了人性的错综复杂与黑暗难测,力图展现情欲、财富、权力、野心、仇恨与嫉妒等对人类的腐蚀,人性的弱点不仅摧毁了众多伟大的英雄,也毁灭了伟大的民族和伟大的王国。这部史诗对于后世德意志人精神和文化的塑造有着不可磨灭的影响。

第七章 逐渐消失的匈人

《尼伯龙根之歌》中的很多人物都有历史原型。除贡特尔原型为勃艮第王贡德哈尔之外,一般认为诗歌中意大利统治者狄特里希的原型即著名的哥特王狄奥多里克大王。另外诗歌中的传奇英雄希尔德布兰德大约也史有其人,这位日耳曼勇士的活动时间由5世纪中期的匈人统治时代延续至6世纪初东哥特王朝的鼎盛时期,众多故事和诗歌都对他有所提及,还有以其为主人公的悲剧史诗《希尔德布兰德之歌》残篇存世。不过诗中最重要的历史人物无疑是埃策尔,即阿提拉。跟北欧传说中的阿特里不同,埃策尔的形象更为鲜明和丰满,也更具英雄色彩和历史真实性。他是草原上的霸主,依靠公正和宽厚统治着众多的民族,也深受众多英雄和民众的爱戴和敬重。诗歌的最后,尽管埃策尔迷恋自己的妻子,但也深知她的手段和行为有违正道,因此没有制止希尔德布兰德杀死克琳希尔德。

(德)施诺尔·冯·卡罗尔斯菲尔德,《狄特里希打败哈根》,慕尼黑王宫尼伯龙根大厅中的壁画局部

比较一下这些古代传说中的阿提拉形象，颇有意义。在法国，即古代高卢地区，还有其他属于古典文明区的地域，阿提拉的民间形象基本是个粗野残暴的野蛮人与恶魔；但在莱茵河与多瑙河之外，昔日匈人帝国势力范围所及之地，阿提拉的形象却是个英武的君王。究其原因却也不难理解：对于古代高卢地区居民而言，阿提拉只是个遥远的蛮族统治者，他对本地的冲击在于以狂暴手段摧毁了半野蛮的勃艮第王国，并在短期内以席卷之势大肆践踏和破坏高卢中北部地区。至于多瑙河南岸的东南欧地区居民，他们的居住地无数次遭匈人袭击和劫掠，几乎成为无人荒地，他们对于阿提拉的痛恨和丑化自然更甚。然而，那些文明地区之外的日耳曼蛮族，他们的身份大多是阿提拉的附庸和麾下战士，阿提拉曾率领他们四方征战，赢得辉煌胜利和巨大财富。阿提拉以伟大君主的英雄形象融入他们的传奇故事，便是很自然的事情了。

第三节　民族主义符号

近代以来，随着民族主义思潮的兴起，匈人和阿提拉的形象更趋复杂，成为经久不衰的文化符号。他们的影响已远远超出了欧洲，甚至超出了亚欧大陆。

在当今欧洲诸族之中，与匈人关系最密切的民族无疑是匈牙利人（Hungarians）。其实早期的匈牙利人与匈人并无关系，他们与爱沙尼亚人和芬兰人一样属于芬族，他们对本民族的自称是马扎尔人，对本国的自称是马扎尔之国。匈牙利人的祖先大约就是前文提到的奥诺古里人，他们曾生息在南俄平原，臣服于伏尔加河流域的草原霸主哈扎尔人。由于受到东方佩切涅格人的威胁，9世纪末马扎尔人西迁，进入今天的匈牙利平原。匈牙利一词的来源不详，一说是因为欧洲人认为马扎尔人与匈人类似，故而称其为匈人；也有人认为是由奥诺古里人一词的拉丁化名词变形而来。无论如何，"匈牙利"这一称谓对于早期匈牙利人而言是外来词汇。

10世纪之后,匈牙利势力衰落,开始受到德意志的压迫,并且在宗教、经济、文化与政治等方面受到德意志地区的全面影响。如此背景之下,匈人这一外人强加的身份开始被认可,因为匈牙利人可以据此认为德意志人曾是自己祖先的臣下和奴仆。这种强烈的族群集体无意识在数百年间弥漫于整个匈牙利民族,扭曲了匈牙利人的民间文化,使得匈人和阿提拉成为匈牙利传说中最重要的元素之一。匈人由此成为匈牙利人的始祖,阿提拉也由此成为匈牙利的伟大开国君主。根据匈牙利人的民间传说,阿提拉还有很多伟大的前辈。但如果深入研究,会发现这些前辈的原型实际上都是晚于阿提拉五六百年的马扎尔人首领,有些人还是基督徒。这种将著名异族或异族人物纳入本族历史的现象在文化人类学上倒并不鲜见。比如在古代波斯人的传说中,亚历山大与恺撒等人皆为波斯人后

阿提拉雕像,布达佩斯中央广场,其身份为匈牙利的开国者之一

第七章 逐渐消失的匈人

裔，亚历山大还是伊朗的正统君主。

近现代以来，民族主义和浪漫主义思潮在欧洲大陆兴起，匈人后裔这一身份自然更受匈牙利人的欢迎，这种将某一古代传奇民族认作祖先的行为在欧洲并非特例，当时的俄罗斯人自认为是斯基泰人的后裔，而备受俄国欺凌压迫的波兰人则将祖先前溯至征服斯基泰人的萨尔马特人。不过，与民族主义和浪漫主义同时兴起的，还有严谨的学术精神和非伦理化的治学态度。随着近现代史学的发展和人们对历史了解的深入，这类没有史料和事实支撑的浪漫主义民族起源说相继破灭。然而时至今日，匈人的历史依然能唤起匈牙利人的缅怀之情，阿提拉也依然是匈牙利人心目中最伟大的古代君主之一。大部分匈牙利学者坚称匈人与匈牙利人一样属于芬族。另外在俄罗斯等斯拉夫民族国家，一直不乏认为匈人属于斯拉夫族的学者。

另有一种匈人民族起源说同样有着长久的生命力和广泛的影响，那就是匈人的匈奴起源说。法国东方学家德奎尼于18世纪首次提出匈人的祖先可能是中国历史上的匈奴人，之后这种观点在众多国家和民族中大受追捧。时至今日，匈奴起源说虽然在欧美学界已基本无人问津，但依然被众多欧美之外的族群所信奉。例如绝大部分中国人皆对匈人源自匈奴的说法深信不疑。除了潜在的民族主义情绪之外，一个重要的原因在于国内的出版物和媒体并未有效区分"匈人"和"匈奴人"两个概念，在谈到匈人时一律以匈奴人称呼之，因此普通中国人根本感受不到两者的区别。不过接受匈奴起源说的不仅有普通民众，大部分中国学者同样坚定抵制欧美学者的意见，坚称欧洲的匈人源自中国的匈奴。

学术界另一支力挺匈奴起源说的主力军是日韩的学者。这两族的祖先在语言文化上与东北亚游牧民族有着亲缘关系，他们自然对匈奴与匈人的历史格外关注。有日本学者为了把匈奴与匈人的历史衔接起来，费尽心机证明中国史籍中匈奴人的最后归宿地粟特（约今中亚乌兹别克斯坦）实为匈人初入欧洲的黑海以北草原地带。某些极端的韩国学者甚至认为，匈奴人因为长期与东亚文明社会交往，社会组织和文化技术已高度发达。匈奴人的后代匈人将这些东亚文明成果带入欧洲，结果极大促进了欧洲社会的进步，因此对欧洲诸族而言，匈人并非落后的文化技术吸纳者，而是先进文明的传播者和社会发展的引路人，他们的活动对中世纪欧洲社会的塑造和形成至关重要。

还有一个支持匈奴起源说的最重要现代族群是土耳其民族。目前从中亚至欧洲很多国家或地区的主体居民属于突厥

第七章　逐渐消失的匈人

人的后裔族群，因此土耳其诸族是欧亚大陆最重要且分布最广泛的族群之一。在对待匈奴人和匈人的问题上，土耳其人基本上无一例外坚持认为两者实为同一民族，而且两者皆属突厥族。对土耳其族群的民族主义者而言，匈人和匈奴人可谓绝佳的泛突厥主义历史符号，他们的历史表明，突厥人祖先征服与称霸的足迹很早就已遍及整个欧亚大陆。

从上述现代人对待匈奴起源说的态度上，不难看出民族主义和政治因素的强烈影响。对于这类多少有些歪曲历史的观点，我们应该谨慎面对。匈人作为外来的亚洲民族，曾统治过部分西北欧族群；而西北欧民族的后裔后来成为欧洲最强势的民族，到了近现代，则成为世界上最先进且最成功的民族，并且是现代人类文明的主要创建者。由于匈人的煊赫武力和巨大声望，不少在近现代曾受到欧洲人压迫和欺凌的民族会不自觉地与匈人拉上关系，以此增进民族自豪感。在欧美之外的国家，匈人和阿提拉是反对"西方霸权主义"和"西方中心论"的重要历史论据，得到民众的普遍认可，这种心理我们不难理解，但它对于我们认识和理解历史真相却并无益处。